W0335572

Contenido - Inhalt

Dr. Barbara Sabitzer

¡Hola! ¿Que tal?

Gramática española ejercicios 1

www.ggverlag.at

ISBN 978-3-7074-1317-5

In der aktuell gültigen Rechtschreibung

5. Auflage 2014 (5,00)

Tänzerin auf dem Cover: La Guita
© Studio Alegria, Wien – Flamencoschule La Guita
www.flamenco-wien.at

Printed by Litotipografia Alcione, Lavis-Trento, über Agentur Dalvit, D-85521 Ottobrunn

Vorwort

Dieses Grammatik- und Übungsbuch richtet sich an SpanischschülerInnen im 1. und 2. Lernjahr und an Erwachsene, die aus beruflichem oder privatem Interesse die spanische Sprache erlernen oder auffrischen wollen. Es kann sowohl als Ergänzung im Unterricht eingesetzt werden als auch SchülerInnen beim selbständigen Lernen und Üben unterstützen.

Das Buch beinhaltet übersichtliche Erklärungen zu den wichtigsten Punkten der Grammatik und im Anschluss daran Übungen, die alle bereits im Unterricht erprobt wurden. Der Lösungsschlüssel am Ende des Buches ermöglicht den Lernenden, ihre sprachlichen Fortschritte selbst zu kontrollieren.

Das letzte Kapitel beinhaltet *Ejercicios Tandem*, das sind Partnerübungen, bei denen sich die Lernenden gegenseitig korrigieren können. Diese Form der mündlichen Übung erzeugt im Unterricht zwar einen gewissen Lärmpegel, da alle gleichzeitig sprechen. Sie ist jedoch bei den SchülerInnen recht beliebt und animiert auch schwächere zum Sprechen.

An dieser Stelle möchte ich auch Frau Dr. Rosa Cabezas-Ronay für ihre wertvolle Unterstützung danken.

Viel Spaß beim Üben wünscht

Barbara Sabitzer

1 El sustantivo y sus determinantes – Das Substantiv und seine Begleiter

1.1 El sustantivo y el artículo – Substantiv und Artikel

★ Masculino y femenino – Männlich und weiblich

Es gibt im Spanischen, im Gegensatz zum Deutschen, nur zwei Geschlechter: **männlich** (masculino) und **weiblich** (femenino).

- ☆ **Männlich** sind Substantive mit den Endungen ***–o, -or, -ón***
  z.B. *el libro, el profesor, el balcón*
- ☆ **Ausnahmen:** *la mano, la foto, la radio*
- ☆ **Weiblich** sind Substantive mit den Endungen ***–a, -dad, -ión***
  z.B. *la mesa, la universidad, la estación*
- ☆ **Ausnahmen:** el día, el clima, el dentista, el problema, el tema, el idioma
- ☆ **Bildung der weiblichen Form** erfolgt durch die Endung ***–a***:
  bei Substantiven, die auf **Konsonant** enden durch **Anhängen:** *profesor-profesora, francés-francesa, alemán-alemana* (Akzent fällt weg!)
  bei Substantiven, die auf **Vokal** enden durch **Ersetzen** der jeweiligen Endung:
  hijo-hija, hermano-hermana, presidente-presidenta
- ☆ **Bestimmter** (artículo determinado) und **unbestimmter Artikel** (artículo indeterminado) lauten:

	singular	plural	singular	plural
masculino	**el** plato	**los** platos	**un** plato	**unos** platos
femenino	**la** mesa	**las** mesas	**una** mesa	**unas** mesas

- ☆ **Ausnahme:** Beginnt ein weibliches Wort mit betontem ***a***, so wird in der Einzahl der männliche Artikel verwendet.
  el agua – las aguas
  un agua – unas aguas

★ Plural - Mehrzahl

Die **Mehrzahl** (plural) wird durch Anhängen von

- ☆ ***–s*** (nach Vokalen) *la mesa – las mesas* oder
- ☆ ***-es*** (nach Konsonanten) gebildet *la estación – las estaciones* (die Betonung bleibt auf der gleichen Silbe, im Plural die vorletzte, daher ist hier kein Akzent mehr notwendig. vgl. Kapitel 1 Pronunciación)
- ☆ ***-es*** (nach z) – *z* wird zu *c* z.B.: *una vez – dos veces*
- ☆ **Unverändert** bleiben Wörter, die auf –s enden und deren vorletzte oder drittletzte Silbe betont ist:
  Wochentage: el martes – los martes
  griechische Wörter: la crisis – las crisis
  zusammengesetzte Wörter: el cumpleaños – los cumpleaños, el paraguas – los paraguas

Ejercicio 1-1 Artículo determinado e indeterminado

1) _______ empleado
2) _______ panadero
3) _______ problema
4) _______ arquitecto
5) _______ médico
6) _______ ama de casa
7) _______ mecánico
8) _______ padre
9) _______ radio
10) _______ madre
11) _______ flor
12) _______ tía
13) _______ color
14) _______ tío
15) _______ estación
16) _______ farmacia
17) _______ rincón
18) _______ balcón
19) _______ camiseta
20) _______ falda
21) _______ traje
22) _______ pan
23) _______ manzana
24) _______ marrón
25) _______ plátano
26) _______ limón
27) _______ té
28) _______ agua
29) _______ hora
30) _______ minuto
31) _______ tarde
32) _______ día
33) _______ mano
34) _______ país
35) _______ región
36) _______ avión
37) _______ ciudad
38) _______ foto
39) _______ idioma

Ejercicio 1-2 Singular - Plural

Setzt den bestimmten Artikel ein und bildet dann die Mehrzahl.

1) ____ minuto ________________
2) ____ agua ________________
3) ____ foto ________________
4) ____ ciudad ________________
5) ____ región ________________
6) ____ mano ________________
7) ____ pan ________________
8) ____ idioma ________________
9) ____ plátano ________________
10) ____ ama de casa ________________
11) ____ estación ________________
12) ____ balcón ________________
13) ____ color ________________
14) ____ flor ________________
15) ____ tarde ________________
16) ____ país ________________
17) ____ luz ________________
18) ____ panadero ________________
19) ____ voz ________________
20) ____ francés ________________
21) ____ traje ________________
22) ____ manzana ________________
23) ____ marrón ________________
24) ____ hijo ________________
25) ____ hermana ________________
26) ____ melón ________________
27) ____ hotel ________________
28) ____ joven ________________
29) ____ pez ________________
30) ____ menú ________________
31) ____ nuez ________________
32) ____ viaje ________________

Ejercicio 1-3 Forma femenina y masculina

Ergänzt mit den fehlenden männlichen oder weiblichen Formen.

	Masculino	Femenino
1)		profesora
2)	italiano	
3)		hermana
4)	portugués	
5)		cantante
6)	chico	
7)		niña
8)	abuelo	
9)		actriz
10)	novio	
11)		amiga
12)	español	
13)		clienta
14)	presidente	
15)		ministra
16)	tío	
17)		alumna
18)	médico	
19)		autora
20)	pianista	

1.2 Los casos – Die Fälle

★ **Bildung**

☆ **Die Fälle (los casos)** werden im Spanischen teilweise mit Präpositionen gebildet, die im Singular mit dem männlichen Artikel verschmelzen:

Fall	Masculino		Femenino	
	Singular	Plural	Singular	Plural
1. Nomitativ	el libro	los libros	la mesa	las mesas
2. Genitiv	del libro	de los libros	de la mesa	de las mesas
3. Dativ	al libro	a los libros	a la mesa	a las mesas
4. Akkusativ Sache	el libro	los libros	la mesa	las mesas
4. Akkusativ Person	**al** médico	**a** los médicos	**a** la chica	**a** las chicas

☆ Der **Genitiv** wird mit der Präposition ***de***, der **Dativ** mit ***a*** gebildet.

☆ Beim **Akkusativ** muss man zwischen Personen und Sachen unterscheiden. Bei **Sachen** hat der Akkusativ wie der Nominativ (1. Fall) keine Präposition und ist daher ein direktes Objekt.

☆ Bei **Personen** (auch Tieren, die als Familienmitglieder angesehen werden) wird der **Akkusativ** durch die Präposition ***a*** angezeigt. Es besteht also hier kein Unterschied zum Dativ.
Veo a Maria / a una chica. – Ich sehe Maria / ein Mädchen.
Veo a alguién / a nadie. - Ich sehe jemanden / niemanden.
Quiero a mi perro. – Ich mag meinen Hund.

★ **Ausnahme:**
Wenn die Person noch nicht genau bestimmt oder bekannt ist (vor allem mit unbestimmtem Artikel) und nach *tener* wird **kein *a*** verwendet.
Buscamos un cocinero. - Wir suchen einen Koch.
Tengo una buena amiga. – Ich habe eine gute Freundin.

Ejercicio 1-4 Los casos - Transformad

Setzt die folgenden Substantive in den 2., 3. und 4. Fall Singular und Plural

1) joven ______________________________
2) país ______________________________
3) manzana ______________________________
4) mecánico ______________________________
5) ciudad ______________________________
6) hijo ______________________________
7) estación ______________________________
8) luz ______________________________
9) tía ______________________________
10) mi gato ______________________________

1.3 Los determinantes posesivos – Die Possessivbegleiter

★ Possessivbegleiter

☆ Die **Possessivbegleiter** geben die Zugehörigkeit von Personen und Sachen an.

Possessivbegleiter	
Singular	**Plural**
mi	**mis**
tu	**tus**
su	**sus**
nuestro / nuestra	**nuestros / nuestras**
vuestro / vuestra	**vuestros / vuestras**
su	**sus**

☆ Sie stehen immer vor einem Substantiv und werden mit diesem in **Geschlecht** und **Zahl** übereingestimmt, z.B: *la hija de Maria – su hija, los amigos de nosotros – nuestros amigos*

☆ Die **Possessivbegleiter** haben im Singular und in der 3. Person Plural nur eine Form für beide Geschlechter. Nur in der ersten und zweiten Person Plural wird das **Geschlecht** durch die Endungen *–o* (männlich) bzw. *–a* (weiblich) unterschieden.

☆ Das **Geschlecht des Besitzers** bleibt jedoch unberücksichtigt. Der Possessivbegleiter der 3. Person Singular ***su*** hat somit drei Bedeutungen: sein, ihr und Ihr, die nur aus dem Zusammenhang ersichtlich sind. Geht die Bedeutung nicht klar hervor, kann sie durch ein betontes Pronomen (z-B. *ihr - de ella*) verdeutlicht werden.

Ejercicio 1-5 Determinantes posesivos - Transformad

Ejemplo: *la novia de Martín es* ____ *su novia* ________.

1) el amigo de Pablo es ____________________

2) la hija de Maria y Antonio es ____________________

3) los padres de Clara y Mercedes son ____________________

4) el compañero de Pepe es ____________________

5) la familia de nosotros es ____________________

6) la dirección de ti es ____________________

7) los amigos de vosotros son ____________________

8) la casa de mis amigos es ____________________

9) el novio de Carina es ____________________

10) las cartas de Pedro son ____________________

Ejercicio 1-6 Determinantes posesivos - Singular -Plural

Setzt die angegebenen Substantive in die Mehrzahl oder Einzahl

1) mis fotos ____________
2) tu ciudad ____________
3) sus regiones ____________
4) nuestras manos ____________
5) mi idioma ____________
6) su balcón ____________
7) mis flores ____________
8) nuestro país ____________
9) vuestro viaje ____________
10) sus hoteles ____________
11) mi hijo ____________
12) tu traje ____________
13) nuestra voz ____________
14) vuestra tía ____________
15) mi problema ____________
16) nuestro médico ____________
17) su padre ____________
18) mi falda ____________

Ejercicio 1-7 Determinantes posesivos - Transformad

Ändert die angegebenen Sätze wie in folgendem Beispiel

Ejemplo: *Yo tengo una hija cariñosa. – Mi hija es cariñosa.*

1) Los Sánchez tienen un perro muy grande. ____________
2) Tú tienes libros nuevos. ____________
3) Tú tienes vestidos caros. ____________
4) La chica tiene una bicicleta nueva. ____________
5) Ustedes tienen un coche nuevo. ____________
6) Nosotras tenemos un jardín muy bonito. ____________
7) Yo tengo un apartamento muy pequeño. ____________
8) Usted tiene una casa bonita. ____________
9) Ella tiene padres muy gentiles. ____________
10) Vosotros tenéis hijos grandes. ____________

2 El presente – Die Gegenwart

★ **Verbos regulares**: (siehe Punkt 2.1) Das Spanische kennt drei Gruppen von **regelmäßigen Verben**, die nach den Endungen des Infinitivs –**ar**, -**er** und –**ir** eingeteilt werden.

★ **Verbos particulares (Gruppenverben)**: (siehe Punkt 2.2)Weiters gibt es viele so genannte Gruppenverben, die bei Betonung ihrer Stammsilbe die Form ändern bzw. in einigen Zeiten und Personen orthographische Besonderheiten aufweisen.

★ **Verbos irregulares**: (siehe Punkt 2.2 und 2.3) Unregelmäßig sind solche Verben, die individuelle Formen im Stamm und teilweise auch in der Endung haben. Einige dieser Verben sind jedoch nur in der 1. Person Singular unregelmäßig

2.1 Verbos regulares - Regelmäßige Verben

☆ Die **Bildung** der jeweiligen Person erfolgt durch Anhängen einer bestimmten Endung an den Verbstamm. Der Stamm ist der Teil des Verbs, der nach dem Wegfall der Infinitivendung –**ar**, -**er** oder –**ir** übrig bleibt, also z.B. habl- von habl**ar.**

Personalpronomen (einige werden in den Übungen abgekürzt)	cant**ar** singen	vend**er** verkaufen	viv**ir** leben
yo	cant-**o**	vend-**o**	viv-**o**
tú	cant-**as**	vend-**es**	viv-**es**
él, ella, usted (ud)	cant-**a**	vend-**e**	viv-**e**
nosotros / nosotras(ns)	cant-**amos**	vend-**emos**	viv-**imos**
vosotros / vosotras (vs)	cant-**áis**	vend-**éis**	viv-**ís**
ellos, ellas, ustedes (uds)	cant-**an**	vend-**en**	viv-**en**

☆ Da die jeweilig Person an der Endung erkennbar ist, werden die **Subjektpronomen** (1. Fall) im Spanischen normalerweise **weggelassen**. Sie werden nur gebraucht, um eine bestimmte Person zu betonen oder zu unterscheiden, wenn sie aus dem Zusammenhang nicht klar erkennbar ist, z.B. *él* und *ella*.

☆ Das deutsche **höfliche Sie** wird im Spanischen durch die dritte Person wiedergegeben. Spricht man eine Person an, so verwendet man ***usted***, bei mehreren Personen ***ustedes***. Diese beiden Pronomen werden meist genannt, da es höflicher klingt.

☆ Im Südamerikanischen Spanisch wird die 3. Person Plural (*ustedes*) anstelle der 2. Person (*vosotros*) verwendet.

☆ In der 1., 2. und 3. Person Plural muss bei der Verwendung des Pronomens unterschieden werden, ob eine rein weibliche Gruppe (*nosotras, vosotras* oder *ellas*) gemeint ist, oder ob es sich um eine gemischte oder männliche Gruppe handelt (*nosotros*, *vosotros, ellos*).

Ejercicio 2-1 Presente regular – Forma correcta

Ejemplo: ns/ hablar – hablamos

Die Pronomen *usted (ud), nosotros (ns), vosotros (vs)* und *ustedes (uds)* werden in den meisten Übungen aus Platzgründen abgekürzt.

1) hablar (tú) ________________
2) correr (él) ________________
3) trabajar (yo) ________________
4) cantar (ella) ________________
5) pasar (tú) ________________
6) responder (él) ________________
7) comprender (ns) ________________
8) acabar (ellas) ________________
9) abrir (vs) ________________
10) comprender (ellas) ________________
11) tomar (ud) ________________
12) bailar (yo) ________________
13) discutir (vs) ________________
14) beber (ella) ________________
15) preguntar (uds) ________________
16) correr (ellos) ________________
17) subir (vs) ________________
18) vender (él) ________________
19) estudiar (tú) ________________
20) lavar (ellos) ________________
21) visitar (yo) ________________
22) discutir (uds) ________________
23) cantar (ns) ________________
24) hablar (ella) ________________

Ejercicio 2-2 Presente regular - Traducid

1) ich verbringe ________________
2) du besuchst ________________
3) ihr verbringt ________________
4) ich nehme ________________
5) sie waschen ________________
6) ihr versteht ________________
7) ich trinke ________________
8) wir essen ________________
9) sie nehmen ________________
10) wir leben ________________
11) sie öffnen ________________
12) Sie fragen ________________
13) wir besuchen ________________
14) ich lade ein ________________
15) sie lernt ________________
16) er arbeitet ________________
17) wir verstehen ________________
18) du antwortest ________________
19) ihr lebt ________________
20) wir diskutieren ________________
21) sie haben ________________
22) er verkauft ________________
23) du läufst ________________
24) wir tanzen ________________
25) Sie arbeiten ________________
26) du lädst ein ________________
27) du nimmst ________________
28) wir gehen hinauf ________________

Ejercicio 2-3 Presente regular - Singular - Plural

Setzt die angegebenen Verben in die Einzahl oder Mehrzahl

Ejemplo: como – comemos corren – corre

1) lavamos ____________________
2) tomo ____________________
3) paso ____________________
4) comprendéis ____________________
5) bebo ____________________
6) discutimos ____________________
7) comemos ____________________
8) corres ____________________
9) toman ____________________
10) vivimos ____________________
11) tomas ____________________
12) pasáis ____________________
13) comprendemos ____________________
14) abren ____________________
15) visitas ____________________
16) Ud pregunta ____________________
17) debe ____________________
18) invito ____________________
19) bailamos ____________________
20) estudia ____________________
21) subimos ____________________
22) trabaja ____________________
23) respondes ____________________
24) invitas ____________________
25) visitamos ____________________
26) Ud trabaja ____________________
27) vivís ____________________
28) vende ____________________

Ejercicio 2-4 Presente regular - Haced frases

Bildet kurze Sätze und ergänzt, wenn notwendig, mit einem Artikel.

1) Ella – escribir –carta ____________________
2) Tú – hablar – alemán ____________________
3) Nosotros – tomar – autobús ____________________
4) Maria – leer –buen libro ____________________
5) Ellos – comprar – billetes ____________________
6) Pablo – estudiar – español ____________________
7) Chicos – correr – a – escuela ____________________
8) Universidad – abrir – a las 8 ____________________
9) Padre – comprar – periódico ____________________
10) Nosotros – trabajar – todo – día ____________________
11) Vosotros – escuchar – música ____________________
12) Enrique Iglesias – cantar – en español ____________________
13) Pablo y Carina – comer – manzanas ____________________

2.2 Verbos particulares - Gruppenverben

★ Die Gruppenverben

(verbos particulares) werden nach gewissen orthographischen Besonderheiten oder lautlichen Merkmalen eingeteilt.

☆ ***Vokalveränderung***: Die meisten Gruppenverben verändern in den ***stammbetonten Formen*** (1., 2., 3. Person Singular und 3. Person Plural) den betonten Vokal. Aus dem unbetonten *contar* wird z.B. *cuento*, weil die Betonung am Stamm liegt. In *contamos* ist jedoch wie im Infinitiv die Endung betont, der Stamm bleibt daher unverändert.

Veränderung des Stammvokals				
e ⇨ ie	**o ⇨ ue**	**i ⇨ ie**	**u ⇨ ue**	**e ⇨ i**
pensar	**contar**	**adquirir**	**jugar**	**pedir**
pienso	cuento	adquiero	juego	pido
piensas	cuentas	adquieres	juegas	pides
piensa	cuenta	adquiere	juega	pide
pensamos	contamos	adquirimos	jugamos	pedimos
pensáis	contáis	adquirís	jugáis	pedís
piensan	cuentan	adquieren	juegan	piden

☆ **e ⇨ ie:** entender, querer, empezar, cerrar, perder, sentir, preferir, sentarse

☆ **o ⇨ ue:** poder, costar, mostrar, probar, encontrar, volver, dormir, volar, morir

☆ **e ⇨ i:** seguir, repetir, vestirse, reír, servir

☆ Einige Guppenverben ändern ihre ***Schreibweise*** um einen bestimmten Laut beizubehalten (c-z, g-j) oder ihren Akzent

Orthographische Veränderung				**Stammerweiterung**
c ⇨ zc (1.P)	**g ⇨ j**	**Akzent**		**i ⇨ y (uir)**
conocer	**coger**	**enviar**	**acentuar**	**construir**
conozco	cojo	envío	acentúo	construyo
conoces	coges	envías	acentúas	construyes
conoce	coge	envía	acentúa	construye
conocemos	cogemos	enviamos	acentuamos	construimos
conocéis	cogéis	enviáis	acentuáis	construís
conocen	cogen	envían	acentúan	construyen

☆ **c ⇨ zc:** desconocer, permanecer, crecer, parecer, reconocer, pertenecer, traducir

☆ **g ⇨ j** vor o oder a: exigir, proteger, elegir

☆ **Akzentverschiebung bei Betonung:** ampliar, guiar, variar, continuar,

☆ **i ⇨ y (uir):** concluir, disminuir, contribuir, sustituir, elegir

★ Weitere orthographische Besonderheiten (gelten für alle Zeiten)

☆ Bei Verben, die auf **–cer** oder **–zar** enden, wird vor ***e*** oder ***i*** ein ***c***, ansonsten ein ***z*** geschrieben um den ursprünglichen Laut beizubehalten.

☆ Bei Verben, die auf **–ger** oder **–gir** enden, wird aus lautlichen Gründen vor ***a*** oder ***o*** ein ***j*** geschreiben.

☆ Bei Verben auf **–guir** wird vor ***a*** oder ***o*** das ***u*** weggelassen

☆ Bei Verben auf **–quir** schreibt man vor ***a*** oder ***o cu***.

Ejercicio 2-5 Verbos particulares - Forma correcta

1) volver (tú) ____________________
2) volar (ns) ____________________
3) vestirse (yo) ____________________
4) servir (él) ____________________
5) sentir (tú) ____________________
6) sentarse (yo) ____________________
7) seguir (ellos) ____________________
8) repetir (ellos) ____________________
9) reír (ns) ____________________
10) reconocer (yo) ____________________
11) probar (vs) ____________________
12) preferir (tú) ____________________
13) poder (ud) ____________________
14) pertenecer (él) ____________________
15) permanecer (yo) ____________________
16) perder (uds) ____________________
17) parecer(ellos) ____________________
18) mostrar (yo) ____________________
19) jugar (ns) ____________________
20) entender (ella) ____________________
21) encontrar (tú) ____________________
22) empezar (yo) ____________________
23) dormir (ellos) ____________________
24) crecer (ns) ____________________
25) costar (él) ____________________
26) construir (yo) ____________________
27) cerrar (ud) ____________________
28) adquirir (él) ____________________

Ejercicio 2-6 Verbos particulares - Plural o singular

Ejemplo: como – comemos
corren – corre

1) me siento ____________________
2) cierre ____________________
3) prefieres ____________________
4) repiten ____________________
5) siguen ____________________
6) reconoces ____________________
7) me visto ____________________
8) sientes ____________________
9) probáis ____________________
10) puede ____________________
11) reímos ____________________
12) entiende ____________________
13) volamos ____________________
14) pertenece ____________________
15) empiezas ____________________
16) construyo ____________________
17) muestro ____________________
18) crecemos ____________________
19) permanezco ____________________
20) adquiere ____________________
21) pierden ____________________
22) vuelves ____________________
23) parecen ____________________
24) jugamos ____________________
25) sirve ____________________
26) cuesta ____________________
27) encuentras ____________________
28) duermen ____________________

Ejercicio 2-7 Verbos particulares - Haced frases

Bildet kurze Sätze und ergänzt, wenn notwendig, mit einem Artikel.

1) profesor – repetir – gramática ______________________________
2) amiga – preferir – manzana ______________________________
3) niños – reír – mucho ______________________________
4) Maria - poder ver – película ______________________________
5) amigos – volver – de América ______________________________
6) arquitecto – construir – nueva casa ______________________________
7) chica – probar – vestido ______________________________
8) padres – cerrar – puerta ______________________________
9) novia – mostrar – foto ______________________________
10) estudiantes – seguir – curso de informática ______________________________
11) Carlo – conocer – a mi madre ______________________________
12) chico – querer tomar – helado ______________________________
13) chicas – pedir – tapas ______________________________
14) chicos – jugar – jardín ______________________________
15) Maria – preferir beber – agua ______________________________
16) Mis padres – no dormir – mucho ______________________________
17) pantalones – costar – mucho ______________________________
18) Pablo – no encontrar – su libro ______________________________

Ejercicio 2-8 Verbos particulares - Crucigrama

Horizontal		Vertical	
1 sie schließen	16 du bevorzugst	1 ich kenne	10 ich erzähle
3 ich ziehe mich an	17 sie kennt	2 ich spiele	14 ich komme zurück
6 wir treffen	19 sie bedienen	4 sie schlafen	15 sie setzt sich
8 du verlierst	20 wir wollen	5 er bestellt	16 wir denken
9 du kennst	21 ihr zeigt	7 sie erwerben	18 wir bestellen
11 ich baue	22 ich fühle		
12 du kannst	23 sie denken		
13 sie bevorzugen			

2.3 Verbos auxiliares y de modo - Hilfs- und Modalverben

ser	estar	tener	haber	saber	poder	querer
sein	sein	haben	haben	wissen	können	wollen
soy	estoy	tengo	he	sé	puedo	quiero
eres	estás	tienes	has	sabes	puedes	quieres
es	está	tiene	ha	sabe	puede	quiere
somos	estamos	tenemos	hemos	sabemos	podemos	queremos
sois	estáis	tenéis	habéis	sabéis	podéis	queréis
son	están	tienen	han	saben	pueden	quieren

Ejercicio 2-9- Verbos regulares y auxiliares - crucigrama

vertical

1 sie verbringen
2 ich besuche
3 wir verbringen
4 sie nehmen
5 er hat
6 ihr wäscht
7 wir verstehen
8 sie trinken
9 er isst
10 ihr nehmt
11 sie sind
12 sie lebt
13 du liest
14 ich bin
15 wir sind

horizontal

16 ihr öffnet
17 sie sind
5 ich spreche
18 ich höre auf
9 wir singen
19 sie ladet ein
20 ich tanze
10 er nimmt
21 du verstehst
22 ich lese
23 ich lebe
24 ich muss
25 du bist
26 du bist
27 sie sind
28 du tanzt
29 du musst
30 wir verkaufen
31 ich diskutiere
32 ihr geht hinauf
33 ich lerne
34 wir nehmen

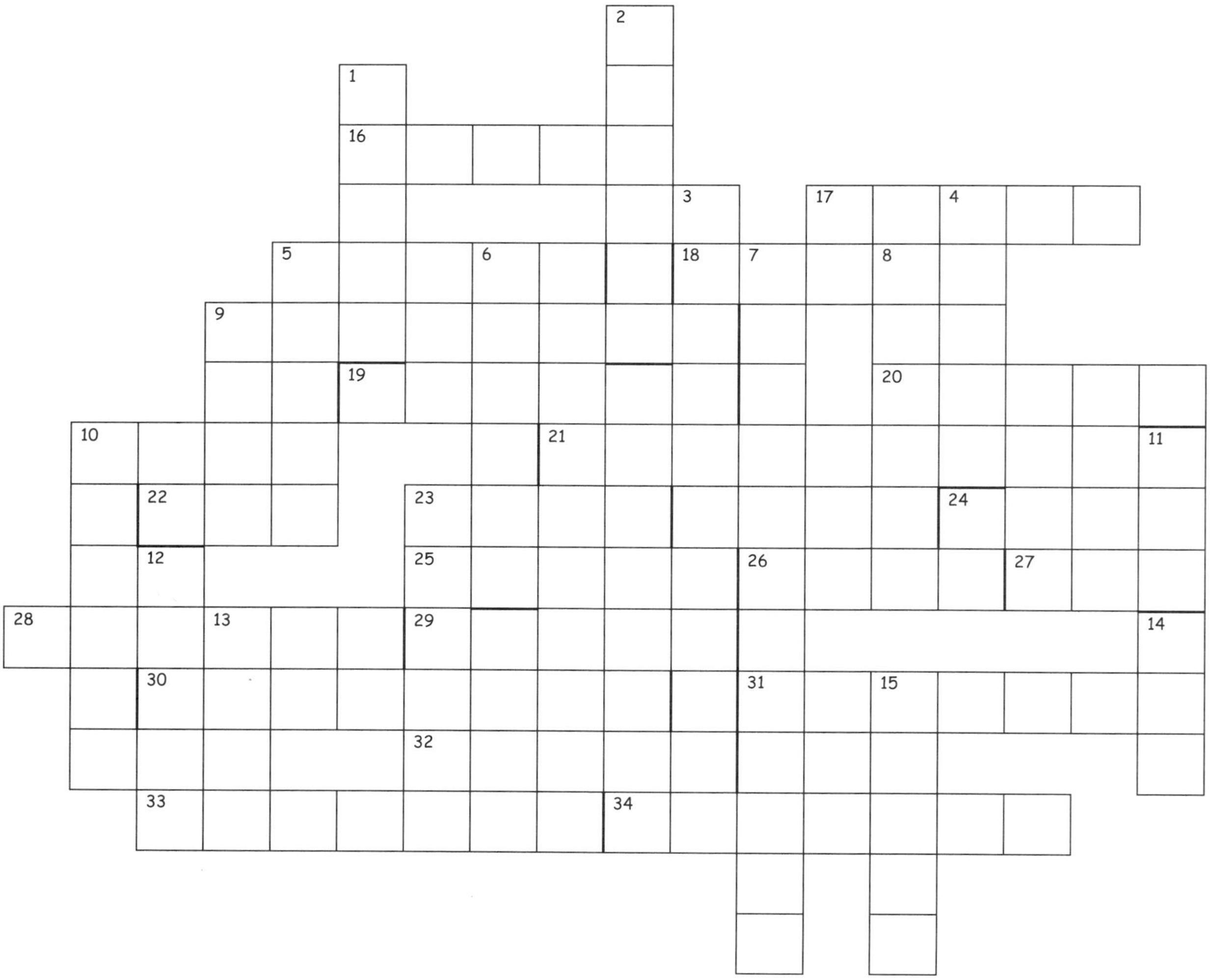

Ejercicio 2-10 - Ser, estar, tener - Forma correcta

1) tener (tú) ____________________
2) ser (él) ____________________
3) estar (yo) ____________________
4) tener (ella) ____________________
5) ser (tú) ____________________
6) estar (él) ____________________
7) tener (ns) ____________________
8) ser (ellas) ____________________
9) estar (vs) ____________________
10) tener (ellas) ____________________
11) estar (ud) ____________________
12) tener (yo) ____________________
13) ser (vs) ____________________
14) estar (ella) ____________________
15) ser (uds) ____________________
16) ellos (tener) ____________________
17) tener (vs) ____________________
18) tener (él) ____________________
19) estar (tú) ____________________
20) estar (ellos) ____________________
21) ser (yo) ____________________
22) estar (uds) ____________________
23) ser (ns) ____________________
24) estar (ella) ____________________

Ejercicio 2-11 Ser, estar, tener - Haced frases o preguntas

Setzt das Verb in die richtige Person und fügt Präpositionen[1] und Artikel hinzu.

1) profesor – estar –universidad ____________________
2) Pablo – tener –perro ____________________
3) Carina – ser – guapa ____________________
4) amigos – estar –casa ____________________
5) tú – ser – Austria ____________________
6) chica – tener – nuevo vestido ____________________
7) padres – ser – España ____________________
8) vosotros – tener – animal ____________________
9) yo – estar – enfermo ____________________
10) nosotros – ser – gentiles ____________________
11) chicos – estar – piscina ____________________
12) madre – ser – Bolivia ____________________

[1] siehe Kapitel 9 Las preposiciones

2.4 Uso de ser y estar - Die Verwendung von ser und estar

★ **estar**
wird verwendet

☆ zur Angabe eines **Ortes** –
Yo estoy en mi habitación – Ich bin in meinem Zimmer.
La Paz está en Bolivia. – La Paz ist in Bolivien

☆ zur Angabe eines **vorübergehenden Zustandes**
Maria está enferma. – Maria ist krank.
¿Cómo estás? – Wie geht es dir?

☆ mit **Gerundio** zur Beschreibung eines **gerade stattfindenden Vorgangs**
Estoy escribiendo una carta. – Ich schreibe gerade einen Brief

★ **ser**
wird verwendet

☆ um **wesentliche** und **dauerhafte Eigenschaften** und Merkmale von Personen und Sachen zu definieren
Mario es médico. Es italiano. – Mario ist Arzt. Er ist Italiener.
Esta chica es inteligente. – Dieses Mädchen ist intelligent.
El coche rojo es de Pablo. – Das rote Auto gehört (ist von) Pablo.
Los pantalones son de algodón. – Die Hosen sind aus Baumwolle.

☆ für **Uhrzeit** und **Datum**
Hoy es el ocho de enero. – Heute ist der 8. Jänner
Son las 6 de la mañana. – Es ist sechs Uhr morgens.

☆ zur Angabe von **Zahlen**
¿Cuántas rosas son? Son diez. – Wie viele Rosen sind es? Es sind zehn.
Es la segunda vez. – Es ist das zweite Mal.

★ **Unterschiedliche Bedeutung**
von ser und estar bei einem Adjektiv

☆ *Maria es guapa. – Maria ist (immer) hübsch.*
Maria está guapa. – Maria ist (heute) hübsch (z.B. geschminkt)

☆ *Pablo es joven. – Pablo ist jung (Alter)*
Pablo está joven. – Pablo sieht jung aus.

☆ *El coche es nuevo. – Das Auto ist (fabriks)neu.*
El coche está nuevo. – Das Auto ist neu(wertig).

Ejercicio 2-12 ser o estar

1) Tú __________________ un estudiante muy bueno.
2) Las señoras __________________ austríacas.
3) ¿Qué hora __________________? ________________________ las nueve.
4) El libro __________________ abierto.
5) Nosotras __________________ cansadas.
6) ¿Tú __________________ despierto!
7) Mis amigos __________________ en Bolivia.
8) La puerta no __________________ cerrada.
9) El cuaderno __________________ sobre la mesa.
10) El inglés __________________ útil.
11) ¿Tú __________________ contento con tus notas?
12) Por el examen de mañana Pablo __________________ muy nervioso.
13) ¿Y de dónde __________________ los estudiantes?
14) Conchita __________________ aburrida en esta clase.
15) No me gusta el curso porque la profesora __________________ muy aburrida.
16) Pablo __________________ alto y guapo.
17) Maria __________________ enamorada.
18) Las chicas __________________ de Argentina.
19) Carmela no __________________ de aquí.
20) Yo no __________________ cocinero.
21) ¿Cómo __________________ usted? Bien, gracias.
22) Las chicas no __________________ buenas estudiantes.
23) Los libros __________________ amarillos.
24) El libro __________________ de Roberto.
25) ________________________ las cinco de la tarde.
26) ¿Qué día ________________________ hoy? ________________________ lunes.
27) ¿Qué ________________ eso?
28) Los estudiantes estudian mucho. El profesor _______________________ muy contento.

2.5 Verbos irregulares – Unregelmäßige Verben

ir	**dar**	**venir**	**ver**	**decir**	**hacer**
gehen	geben	kommen	sehen	sagen	machen
voy	doy	vengo	veo	digo	hago
vas	das	vienes	ves	dices	haces
va	da	viene	ve	dice	hace
vamos	damos	venimos	vemos	decimos	hacemos
vais	dais	venís	veis	decís	hacéis
van	dan	vienen	ven	dicen	hacen

salir	**poner**	**traer**	**oir**	**valer**	**caer**
ausgehen	legen	bringen	hören	wert sein	fallen
salgo	pongo	traigo	oigo	valgo	caigo
sales	pones	traes	oyes	vales	caes
sale	pone	trae	oye	vale	cae
salimos	ponemos	traemos	oímos	valemos	caemos
salís	ponéis	traéis	oís	valéis	caéis
salen	ponen	traen	oyen	valen	caen

Ejercicio 2-13 – Presente irregular - Forma correcta

1) ir (tú) ____________________
2) dar (yo) ____________________
3) venir (él) ____________________
4) ver (ns) ____________________
5) decir (ellos) ____________________
6) hacer (tú) ____________________
7) salir (ellos) ____________________
8) poner (yo) ____________________
9) traer (él) ____________________
10) oír (tú) ____________________
11) valer (él) ____________________
12) caer (yo) ____________________
13) ir (nosotros) ____________________
14) dar (él) ____________________
15) venir (tú) ____________________
16) ver (ellos) ____________________
17) decir (usted) ____________________
18) hacer (yo) ____________________
19) salir (él) ____________________
20) poner (ella) ____________________
21) traer (tú) ____________________
22) oír (ns) ____________________
23) valer (ellos) ____________________
24) caer (ella) ____________________

Ejercicio 2-14- Presente irregular - Singular - Plural

Ejemplo: voy – vamos

1) vemos ____________
2) doy ____________
3) salen ____________
4) pongo ____________
5) oyes ____________
6) vale ____________
7) viene ____________
8) trae ____________
9) dicen ____________
10) caigo ____________
11) vamos ____________
12) oímos ____________
13) da ____________
14) vienes ____________
15) haces ____________
16) ven ____________
17) dice ____________
18) cae ____________
19) vas ____________
20) hago ____________
21) valen ____________
22) sale ____________
23) pone ____________
24) traes ____________

Ejercicio 2-15 Presente irregular - Haced frases

Setzt das Verb in die richtige Person und fügt Präpositionen[2] und Artikel hinzu.

1) Pablo – ir – España ____________
2) chicos – venir – México ____________
3) yo – hacer – tareas ____________
4) Maria – dar – libro – Pablo ____________
5) vosotros – traer – botellas – bodega ____________
6) niños – no – oír – nada ____________
7) estudiantes - hacer – preguntas – profesor ____________
8) nosotros – ir – Madrid ____________
9) ustedes – salir – tarde ____________
10) usted – decir – nada ____________
11) yo – poner – libros – mesa ____________
12) ellos – ver – buena película ____________
13) este cuadro – valer – mucho ____________

[2] siehe Kapitel 9 Las preposiciones

Ejercicio 2-16 - Verbos irregulares y regulares - crucigrama

vertical
1. wir möchten
2. ich möchte
5. du hast
7. er antwortet
8. ich lebe
9. wir gehen
10. ich bin
11. ihr wollt
14. ich treffe
15. er schläft
17. sie sind
18. wir sprechen
20. du tanzt

horizontal
3. wir sind
4. ihr seid
6. sie essen
8. er kommt
9. du gehst
12. du erzählst
13. wir verstehen
16. du bist
19. ihr öffnet
21. sie arbeitet
22. ich gehe

Ejercicio 2-17 Verbos irregolares crucigrama

Horizontal

1 ihr seid (ser)
3 du hast (haber)
4 wir gehen
5 ihr sagt
7 sie hören
9 sie kommen
12 du kommst
14 sie sieht
15 ich weiß
18 sie sind (estar)
19 wir haben (tener)
20 wir geben
21 ich bringe
22 wir kommen
24 ich bin (estar)
27 du gibst
28 er geht
29 ihr geht aus
30 sie kommt
31 ich gehe aus
32 ihr seid (ser)
33 ich gebe
35 du machst
39 ich sehe
42 er hört
43 ich mache
45 wir hören
46 sie gehen
47 du bist (ser)
48 du gehst aus
49 sie wissen
50 ich bin (ser)

Vertical

1 er ist (ser)
2 sie haben (tener)
3 er macht
4 ich komme
6 sie sind (ser)
8 du hast (tener)
10 er bringt
11 ihr habt (tener)
13 sie sagt
14 du siehst
16 wir sagen
17 ihr habt (haber)
18 du bist (estar)
23 wir sind (estar)
25 ich habe (tener)
26 sie hat (tener)
27 ich sage
30 du gehst
31 du weißt
34 ich habe (haber)
35 wir haben (haber)
36 wir sind (ser)
37 sie bringen
38 ihr geht
39 ihr kommt
40 ich höre
41 ihr gebt
44 du hörst
45 ihr hört
46 ich gehe

2.6 Verbos reflexivos - Rückbezügliche Verben

	llamarse - heißen	**vestirse** – sich anziehen	**irse** - weggehen
yo	**me** llamo	**me** visto	**me** voy
tú	**te** llamas	**te** vistes	**te** vas
él, ella, usted	**se** llama	**se** viste	**se** va
nosotros	**nos** llamamos	**nos** vestimos	**nos** vamos
vosotros	**os** llamáis	**os** vestís	**os** vais
ellos, ellas, ustedes	**se** llaman	**se** visten	**se** van

quedarse - bleiben
levantarse - aufstehen
casarse - heiraten
despertarse (ie) - aufwachen
lavarse - sich waschen
sentarse (ie) - sich setzen
acordarse (ue) - sich erinnern
divertirse (ie) - sich unterhalten

☆ Das **Reflexivpronomen** steht normalerweise vor dem Verb:
¿Te acuerdas? – Erinnerst du dich?

☆ In der **Verneinung** steht *no* vor dem Reflexivpronomen:
No me levanto nunca a las seis. – Ich stehe nie um 6 Uhr auf.

☆ **Modalverben**: poder, querer, deber, saber, tener que:
Das Reflexivpronomen kann an den Infinitiv angehängt werden (häufigere Form) oder vor dem konjugierten Verb stehen.
*Quiero levantar**me**. **Me** quiero levantar.* – Ich möchte aufstehen.

Ejercicio 2-18 Verbos reflexivos - Forma correcta

1) llamarse (yo) ____________
2) vestirse (ella) ____________
3) irse (ns) ____________
4) lavarse (ellas) ____________
5) sentarse (ella) ____________
6) acordarse (yo) ____________
7) divertirse (tú) ____________
8) casarse (ellos) ____________
9) levantarse (tú) ____________
10) quedarse (yo) ____________
11) despertarse (ella) ____________
12) llamarse (él) ____________
13) vestirse (ella) ____________
14) irse (usted) ____________
15) verse (ellos) ____________
16) afeitarse (él) ____________
17) encontrarse (ns) ____________
18) lavarse (yo) ____________
19) sentarse (ud) ____________
20) acordarse (tú) ____________
21) divertirse (él) ____________
22) casarse (ellos) ____________
23) levantarse (tú) ____________
24) quedarse (él) ____________
25) pintarse (ella) ____________
26) peinarse (yo) ____________
27) ducharse (ella) ____________
28) despertarse (tú) ____________

Ejercicio 2-19 - Verbos reflexivos - Forma correcta

1) Ella ____________________________ (llamarse) Maria.
2) Carina y Pietro ____________________________ (no casarse) este año.
3) Yo ____________________________ (despertarse) a las seis y media.
4) Ella ____________________________ (levantarse) a las siete.
5) Tú ____________________________ (lavarse) a las siete.
6) Nos ____________________________ (no quedarse) en Madrid.
7) Él ____________________________(vestirse) a las seis.
8) Mis amigas ____________________________ (pintarse) siempre cuando salen.
9) Por la mañana ____________________________ (yo - ducharse) siempre.
10) Maria y yo ____________________________ (verse) muchas veces.
11) Carmen y Miguel ____________________________ (conocerse) desde hace años.
12) Pablo ____________________________ (afeitarse) por la mañana.
13) Los estudiantes __________________________________ (poder sentarse).
14) Los niños __________________________________ (tener que lavarse) por la tarde.
15) En España la gente ____________________________ (acostarse) tarde.
16) Los jóvenes ____________________________ (divertirse) mucho.
17) Maria ____________________________ (vestirse) bien.
18) Durante las vacaciones __________________________ (yo no despertarse) temprano.
19) ¿Cómo ____________________________ (llamarse) tu novio?
20) ¿Para cuánto tiempo ____________________________ Maria quedarse) en Madrid?
21) ¿ ____________________________ (tú poder acostumbrarse) al clima tropical?
22) Esta ciudad es muy grande. Maria ____________________________ perderse)
23) Mi novio siempre (levantarse) ____________________________ temprano.
24) (Nosotros, ducharse) ____________________________todas las mañanas.
25) Nunca (yo, despertarse) ____________________________tarde.
26) Maria (mirarse) __________________________________ muchas veces en el espejo.
27) Los niños (limpiarse) __________________________________ los dientes 3 veces al día.
28) Mi madre (lavarse) ______________________________________ el pelo todos los días.
29) Los españoles (relajarse) ______________________________________ durante la siesta
30) ¿(vosotros bañarse) ____________________________ por la tarde?

2.7 Futuro inmediato - Nahe Zukunft

★ **Bildung**:
Die nahe Zukunft wird mit dem Verb ***ir*** (das in die jeweilige Person gesetzt wird), der Präposition ***a*** und dem ***Infinitiv*** gebildet.

voy	
vas	
va	
vamos	a leer
vais	
van	

★ **Verwendung**:
Die nahe Zukunft (futuro inmediato) wird für schon geplante, in naher, unmittelbarer Zukunft liegende Handlungen verwendet.
z.B. ***Voy a leer*** *el periódico – Ich werde die Zeitung lesen.*

Ejercicio 2-20 Futuro inmediato - Forma correcta

1) hablar (tú) ____________________
2) correr (él) ____________________
3) trabajar (yo) ____________________
4) cantar (ella) ____________________
5) pasar (tú) ____________________
6) responder (él) ____________________
7) comprender (ns)____________________
8) abrir (vs) ____________________
9) comprender (ellas) ____________________
10) tomar (ud) ____________________
11) dar (yo) ____________________
12) venir (él) ____________________
13) ver (ns) ____________________
14) decir (ellos) ____________________
15) hacer (tú) ____________________
16) salir (ellos) ____________________
17) poner (yo) ____________________
18) traer (él) ____________________
19) oír (tú) ____________________
20) caer (yo) ____________________
21) hablar (ella) ____________________
22) tener (tú) ____________________
23) tener (ella) ____________________
24) estar (él) ____________________
25) llamarse (yo) ____________________
26) vestirse (ella) ____________________
27) irse (ns) ____________________
28) lavarse (ellas) ____________________
29) sentarse (ella) ____________________
30) acordarse (yo) ____________________
31) divertirse (tú) ____________________
32) casarse (ellos) ____________________
33) levantarse (tú) ____________________
34) quedarse (yo) ____________________
35) despertarse (ella) ____________________
36) llamarse (él) ____________________
37) vestirse (ella) ____________________
38) irse (usted) ____________________
39) verse (ellos) ____________________
40) afeitarse (él) ____________________
41) encontrarse (vs) ____________________
42) lavarse (yo) ____________________
43) sentarse (ud) ____________________
44) acordarse (tú) ____________________

2.8 Pasado inmediato - Nahe Vergangenheit

★ **Bildung**:
Die nahe Vergangenheit (pasado inmediato) wird mit dem Verb ***acabar*** (das in die jeweilige Person gesetzt wird), ***de*** und dem ***Infinitiv*** gebildet.

acabo **acabas** **acaba** **acabamos** **acabáis** **acaban**	**de** leer

★ **Verwendung**:
Die nahe Vergangenheit wird für gerade erst erfolgte, in unmittelbarer Vergangenheit liegende Handlungen verwendet. Sie wird im Deutschen durch das Adverb *gerade (erst)* wiedergegeben.
z.B. ***Acabo de leer*** *el periódico – Ich habe gerade die Zeitung gelesen*

Ejercicio 2-21 Pasado inmediato – Forma correcta

1) responder (él) ________________
2) trabajar (yo) ________________
3) pasar (tú) ________________
4) correr (él) ________________
5) comprender (ns)________________
6) acabar (ellas) ________________
7) abrir (vs) ________________
8) comprender (ellas) ________________
9) cantar (ella) ________________
10) traer (él) ________________
11) tomar (ud) ________________
12) dar (yo) ________________
13) hablar (tú) ________________
14) venir (él) ________________
15) ver (ns) ________________
16) hacer (tú) ________________
17) salir (ellos) ________________
18) poner (yo) ________________
19) oír (tú) ________________
20) caer (yo) ________________
21) hablar (ella) ________________
22) decir (ellos) ________________
23) tener (tú) ________________
24) estar (él) ________________
25) tener (ella) ________________
26) divertirse (tú) ________________
27) irse (ns) ________________
28) sentarse (ella) ________________
29) acordarse (yo) ________________
30) casarse (ellos) ________________
31) levantarse (tú) ________________
32) quedarse (yo) ________________
33) despertarse (ella) ________________
34) lavarse (ellas) ________________
35) vestirse (ella) ________________
36) irse (usted) ________________
37) acordarse (tú) ________________
38) verse (ellos) ________________
39) encontrarse (ns) ________________
40) sentarse (ud) ________________

3 Pretérito Perfecto - Vergangenheit

★ **Bildung**:

☆ Die Vergangenheit (pretérito perfecto) wird mit dem Hilfsverb (verbo auxiliar) ***haber*** und dem Mittelwort der Vergangenheit (***participio pasado***) gebildet.
Hemos comido. - Wir haben gegessen. *He venido. - Ich bin gekommen.*

☆ Bei der Bildung des **participio pasado** gibt es zwei Gruppen: an den Stamm der Verben auf ***–ar*** wird ***–ado***, bei den anderen Verben ***–ido*** angehängt.

haber	**Participio**	**Infinitivo**
he has	trabaj**ado**	trabaj**ar**
ha hemos	com**ido**	com**er**
habéis han	viv**ido**	viv**ir**

★ **Unregelmäßige Verben** sind:

decir	dicho	poner	puesto
hacer	hecho	romper	roto
abrir	abierto	ver	visto
cubrir	cubierto	volver	vuelto
morir	muerto	resolver	resuelto
escribir	escrito	imprimir	impreso

Ejercicio 3-1 Pretérito perfecto - Forma correcta

1) Hoy mis hermanas y yo (comer) ________________________ paella.
2) Este verano Marina (estudiar) ________________________ español.
3) Ya (Yo, ayudar) ________________________ a mi colega en la oficina.
4) ¿Cuantas horas (mirar, vosotros) ________________________ la tele esta semana?
5) (Entender) ________________________ italiano tus amigos?
6) Los estudiantes (querer) ________________________ terminar la clase.
7) Mi madre (hacer) ________________________ unas tartas muy buenas.
8) En estas vacaciones Maria (dormir) ________________________ muchas horas.
9) (yo, gustar) ________________________ esta historia.
10) Todos (ver) ________________________ ya la película.
11) Esta mañana (tú levantarse) ________________________________ muy tarde.
12) ¿Quién (decir) ________________________________ esto?

Ejercicio 3-2 Pretérito perfecto - Forma correcta

1) correr (él) ____________________
2) cantar (ella) ____________________
3) pasar (tú) ____________________
4) responder (él) ____________________
5) resolver (ellas) ____________________
6) abrir (vs) ____________________
7) comprender (ellas) ____________________
8) cubrir (yo) ____________________
9) dar (yo) ____________________
10) morir (él) ____________________
11) ver (ns) ____________________
12) comprender (ns)____________________
13) decir (ellos) ____________________
14) hacer (tú) ____________________
15) escribir (ellos) ____________________
16) poner (yo) ____________________
17) tener (ella) ____________________
18) traer (él) ____________________
19) lavarse (ellas) ____________________
20) tener (tú) ____________________
21) casarse (ellos) ____________________
22) irse (ns) ____________________
23) estar (yo) ____________________
24) ser (tú) ____________________
25) abrir (él) ____________________
26) vestirse (ella) ____________________
27) acordarse (yo) ____________________
28) caer (yo) ____________________
29) divertirse (tú) ____________________
30) romper (ella) ____________________
31) imprimir (tú) ____________________
32) quedarse (yo) ____________________
33) oír (tú) ____________________
34) despertarse (ella) ____________________
35) irse (usted) ____________________
36) verse (ellos) ____________________
37) encontrarse (vs) ____________________
38) lavarse (yo) ____________________
39) sentarse (ud) ____________________
40) acordarse (tú) ____________________

Ejercicio 3-3 Pretérito perfecto - Haced frases

1) ¿ya – tú – hacer – tareas? ____________________
2) ellos – hoy – relajarse – mediodía ____________________
3) ¿adónde - vosotros – poner – libros? ____________________
4) este año – chicas – ir – vacaciones – Francia ____________________
5) yo – resolver – adivinanzas ____________________
6) esta semana – su abuela – morir ____________________
7) Pablo – abrir – puerta ____________________
8) niña – ponerse – desodorante ____________________
9) ¿tú – ver – nuevo coche? ____________________

4 El indefinido - Vergangenheit

4.1 Verbos regulares y particulares - Regelmäßige und Gruppenverben

Verbos regulares			Verbos particulares -ir		
			i ⇨ y	**o ⇨ u**	**e ⇨ i**
habl**ar**	comer	viv**ir**	**oír**	**dormir**	**pedir**
habl-**é**	com-**í**	viv-**í**	oí	dormí	pedí
habl-**aste**	com-**iste**	viv-**iste**	oiste	dormiste	pediste
habl-**ó**	com-**ió**	viv-**ió**	oyó	d**u**rmió	p**i**dió
habl-**amos**	com-**imos**	viv-**imos**	oimos	dormimos	pedimos
habl-**asteis**	com-**isteis**	viv-**isteis**	oisteis	dormisteis	pedisteis
habl-**aron**	com-**ieron**	viv-**ieron**	oyeron	d**u**rmieron	p**i**dieron

☆ Bei den **regelmäßigen Verben** gibt es eigentlich nur 2 Gruppen:
die Verben auf *–ar* werden wie *hablar* in der ersten Spalte konjugiert.
die Verben auf *–er* und *–ir* haben jeweils die gleichen Endungen

☆ Die **Gruppenverben** (verbos particulares), die im Infinitiv auf *–ar* und *–er* enden, sind im Indefinido regelmäßig, z.B. *pensar: pensé, pensaste, pensó, pensamos, pensasteis, pensaron.*

☆ Die **Gruppenverben** auf *–ir* haben in der 3. Person Singular und Plural unregelmäßige Formen.

☆ **i ⇨ y:** construir, huir, creer, leer, caer
☆ **o ⇨ u:** morir, dormir
☆ **e ⇨ i:** sentir, repetir, vestir, preferir, elegir

Ejercicio 4-1 Indefinido regular - Forma correcta

1) hablar (tú) ____________
2) correr (él) ____________
3) trabajar (yo) ____________
4) cantar (ella) ____________
5) pasar (tú) ____________
6) responder (él) ____________
7) comprender (ns)____________
8) acabar (ellas) ____________
9) abrir (vs) ____________
10) comprender (ellas) ____________
11) tomar (ud) ____________
12) bailar (yo) ____________
13) discutir (vs) ____________
14) beber (ella) ____________
15) preguntar (uds) ____________
16) correr (ellos) ____________

Ejercicio 4-2 Indefinido verbos particulares - Forma correcta

1) caer (ud) ____________
2) construir (yo) ____________
3) creer (él) ____________
4) dormir (vs) ____________
5) elegir (él) ____________
6) huir (tú) ____________
7) leer (ella) ____________
8) morir (él) ____________
9) preferir (tú) ____________
10) repetir (uds) ____________
11) sentir (ellos) ____________
12) vestirse (yo) ____________
13) vestirse (ella) ____________
14) sentir (tú) ____________
15) repetir (él) ____________
16) preferir (ns) ____________
17) morir (ellas) ____________
18) leer (vs) ____________
19) huir (ud) ____________
20) elegir (vs) ____________
21) dormir (yo) ____________
22) creer (ella) ____________
23) construir (ns) ____________
24) caer (ellos) ____________

Ejercicio 4-3 Presente ⇨ Indefinido regular y particular

1) tomo ____________
2) comprendéis ____________
3) discutimos ____________
4) comemos ____________
5) corres ____________
6) pasáis ____________
7) abren ____________
8) visitas ____________
9) trabaja ____________
10) respondes ____________
11) invitas ____________
12) vivís ____________
13) vende ____________
14) me siento ____________
15) cierre ____________
16) prefieres ____________
17) repiten ____________
18) siguen ____________
19) reconoces ____________
20) me visto ____________
21) sientes ____________
22) probáis ____________
23) reímos ____________
24) entiende ____________
25) volamos ____________
26) pertenece ____________
27) empiezas ____________
28) construyo ____________
29) muestro ____________
30) permanezco ____________
31) pierden ____________
32) vuelves ____________
33) encuentras ____________
34) duermen ____________

Ejercicio 4-4 Indefinido regular - Crucigrama

Horizontal		Vertical	
1 escribir (vs)	12 comer (vs)	1 escribir (ellos)	11 tomar (ns)
3 tomar (tú)	13 comer (ns)	2 comer (yo)	14 preguntar (ellos)
4 comer (él)	16 comprender (yo)	3 tomar (ellos)	15 tomar (vs)
5 escribir (ns)	17 comer (tú)	5 escribir (tú)	19 aprender (él)
7 correr (ellos)	18 pasar (vs)	6 lavar (ns)	21 escribir (él)
8 vivir (yo)	20 responder (yo)	10 escribir (yo)	
9 estudiar (tú)	22 comer (ellos)		
11 tomar (yo)	23 tomar (él)		

4.2 Verbos irregulares - Unregelmäßige Verben

☆ Die Verben ***ser*** und ***ir*** bilden dasselbe Indefinido, die Bedeutung kann also nur aus dem Kontext ersichtlich werden.

☆ Bei ***hacer*** ist zu beachten, dass vor dem o der 3. Person Singular ein z geschrieben wird.

ser/ir	dar	hacer
fui	di	hice
fuiste	diste	hiciste
fue	dio	hizo
fuimos	dimos	hicimos
fuisteis	disteis	hicisteis
fueron	dieron	hicieron

☆ Die **unregelmäßigen** Verben werden in der *1. und 3. Person Singular* nicht wie die regelmäßigen und Gruppenverben auf der Endung betont.

☆ Folgende Verben haben einen **unregelmäßigen Stamm**, an den die jeweiligen Endungen angehängt werden.

Infinitivo	Stamm	Infinitivo	Stamm	Endung
andar	anduv-	poner	pus-	**e**
caber	cup-	querer	quis-	**iste**
estar	estuv-	saber	sup-	**o**
haber	hub-	tener	tuv-	**imos**
poder	pud-	venir	vin-	**isteis**
				ieron

☆ Folgende Verben unterscheiden sich von den oben genannten nur in der 3. Person Plural, die sie mit der **–eron** bilden

Infinitivo	Stamm	Endung
traducir		**e**
conducir	conduj -	**iste**
decir	dij -	**o**
producir	produj -	**imos**
traer	traj-	**isteis**
		eron

Ejercicio 4-5 Indefinido irregular - Crucigrama

Horizontal

1 producir (ellos)
3 poder (vs)
5 hacer (ellos)
6 ir (vs)
8 ir (yo)
9 dar (vs)
10 ser (él)
11 hacer (ns)
13 dar (yo)
16 decir (ellos)
17 dar (ns)
18 hacer (vs)
20 ir (ellos)
21 dar (ellos)
22 querer (ns)
23 hacer (yo)
24 dar (tú)

Vertical

2 estar (tú)
3 poner (yo)
4 venir (él)
6 ser (tú)
7 saber (ellos)
11 hacer (tú)
12 conducir (él)
14 traer (él)
15 andar (tú)
17 dar (él)
18 hacer (él)
19 tener (yo)
20 ir (ns)

Ejercicio 4-6 Indefinido irregular - Haced frases

1) eso – no caber – vaso ____________________
2) Maria – dar – libro – Pablo ____________________
3) ¿dónde – tú estar – últimas vacaciones? ____________________
4) ayer - alumnos – hacer tareas ____________________
5) mis amigas – ir – Bolivia ____________________
6) semana pasada – yo no poder ir – escuela ____________________
7) ¿adónde – poner – Pedro – libros? ____________________
8) yo – querer hacer vacaciones – último año ____________________
9) ¿de quién – tú saber – esto? ____________________
10) 1996-1998 – yo tener – apartamento – Madrid ____________________
11) chicas – ayer – no venir – fiesta ____________________
12) ¿quién – traducir – esta novela? ____________________
13) Carina - conducir – ella misma ____________________
14) políticos – no decir – verdad ____________________
15) esta fábrica – producir - muchas máquinas ____________________
16) ¿tú traer – este pastel – mis padres? ____________________

Ejercicio 4-7 Indefinido - Poned al pasado

Setzt die angegebenen Sätze ins *indefinido*.

1) Me levanto temprano, preparo un desayuno y me visto.

____________________.

2) Después tomo mi coche y voy a Madrid para ver el Prado.

____________________.

3) Dejo el coche en un aparcamiento fuera de la ciudad.

____________________.

4) Tomo el metro hasta la estación Atocha y después me voy al Parque del Retiro.

____________________.

5) Atravieso el parque hasta el Palacio de Velázquez dónde hay una exposición.

____________________.

6) Es una exposición de pintores modernos que me gusta mucho.

____________________.

7) Antes de visitar el Prado hago una pausa en el jardín botánico.

____.

8) Después miro los cuadros más importantes de Goya y otros pintores.

____.

9) Después tomo el metro y me voy al aparcamiento. A las nueve vuelvo a casa.

____.

Ejercicio 4-8 Indefinido - Transformad

Schreibt den Text nocheinmal, nun jedoch erzählt ihr von Ana und Marco.

1) ____.

2) ____.

3) ____.

4) ____.

5) ____.

6) ____.

7) ____.

8) ____.

9) ____.

4.3 Uso del pretérito perfecto e indefinido - Verwendung von Vergangenheit und Indefinido

★ **Pretérito perfecto**

Das Pretérito perfecto (Vergangenheit) wird verwendet für

- ☆ abgeschlossene Handlungen, die eine **Auswirkung auf die Gegenwart** haben
  He roto un vaso. Ich habe ein Glas kaputtgemacht
  (und die Scherben liegen noch am Boden)
- ☆ abgeschlossene Handlungen, die in einem **Zeitraum** passiert sind, der noch immer **andauert**. *Este año hemos estado en España.*
  Diesen Sommer sind wir in Spanien gewesen.
- ☆ Typische **Signalwörter** sind*: hoy (heute), esta semana (diese Woche), este año (heuer), hasta ahora (bis jetzt), ya (schon), todavía (noch), nunca (nie)*

★ **Indefinido**

Das Indefinido wird verwendet für

- ☆ abgeschlossene Handlungen, die in der **Vergangenheit begonnen** und **beendet** wurden.
  En la escuela estudié inglés. In der Schule lernte ich Englisch. (Ich gehe nicht mehr zur Schule)
  Ayer conocí una chica interesante.
  Gestern lernte ich ein interessantes Mädchen kennen.
- ☆ Typische **Signalwörter** sind *ayer (gestern), el año pasado (voriges Jahr), hace ...(vor ...), entonces (damals), en (el año) 19..*

Ejercicio 4-9 Uso del perfecto (I) y indefinido (II)

I Setzt die folgenden Sätze in die Vergangenheit und beginnt mit *esta mañana*

1) Esta mañana me despierto muy tarde. ____________________
2) Me levanto y después voy a la cocina. ____________________
3) Preparo el desayuno y me visto. ____________________
4) Tomo el autobús para ir al colegio. ____________________
5) Allí conozco a una chica boliviana. ____________________
6) Ella me cuenta algo de su país. ____________________
7) Por la tarde la invito a mi casa. ____________________
8) Ella viene con su amiga chilena. ____________________
9) Después charlamos y nos divertimos mucho. ____________________

II Erzählt die Geschichte nochmals und beginnt mit *ayer*

1) ______________________________
2) ______________________________
3) ______________________________
4) ______________________________
5) ______________________________
6) ______________________________
7) ______________________________
8) ______________________________
9) ______________________________

Ejercicio 4-10 Perfecto o indefinido

1) Esta semana (yo leer) _______________ un libro.
2) Nunca (él ver) _______________ una chica tan guapa.
3) ¿(tú mirar) _______________ ayer la nueva película?
4) ¿Cuándo (él llegar) _______________ a Madrid?
5) ¿Ya (tú comprar) _______________ un nuevo vestido?
6) Está frío. (yo cerrar) _______________ la ventana.
7) Ayer mi madre (ir) _______________ a España.
8) Este año (no nosotros ir) _______________ de vacaciones.
9) En 1960 mis padres (emigrar) _______________ por los Estados Unidos.
10) ¿Ya (vosotros estar) _______________ en Bolivia?
11) Yo (conocer) _______________ mi marido hace 20 años.
12) Las chicas (pasar) _______________ las vacaciones pasados en Francia.
13) ¿Dónde (estar) _______________ ayer?
14) El último fin de semana (nosotros irse) _______________ a Barcelona.
15) Hace dos días Maria (encontrar) _______________ un nuevo apartamento.
16) Antonio no (llegar) _______________ todavía.
17) Hoy (yo escuchar) _______________ música.
18) ¿Ya (tu comer) _______________ el postre?
19) El domingo pasado mi hermano yo (jugar) _______________ a ping pong.
20) ¿Dónde (estar) _______________ tus padres la semana pasada?
21) Estoy muy cansada. (limpiar) _______________ toda la casa.

22) Esta mañana no (venir) ________________ el profesor.

23) ¿Te (gustar) ________________ las canciones de esta cantante?

24) ¿Dónde (comprar) ________________ esta falda bonita?

25) La semana pasada (contar) ________________ una historia nueva a mis niños.

26) Ana (dar) ________________ la nueva dirección a su tía.

5 Imperativo - Befehlsform

5.1 Verbos regulares - Regelmäßige Verben

★ **Bildung der regelmäßigen Befehlsformen**:

☆ Für den **Du-Befehl** wird die 3. Person Singular der Gegenwart verwendet.

☆ Die Endungen des **Sie-Befehls** (*usted* und *ustedes*) und der Form **nosotros** enthalten bei den Verben auf **–ar** ein ***e*** und bei allen anderen ein ***a***:

☆ Die Form **vosotros** wird vom Infinitiv gebildet, indem das ***-r*** durch ein ***-d*** ersetzt wird.

	habl-**ar**	com-**er**	escrib-**ir**	lavar**se**
tú	habl-**a**	com-**e**	escrib-**e**	láva**te**
usted	habl-**e**	com-**a**	escrib-**a**	láve**se**
nosotros	habl-**emos**	com-**amos**	escrib-**amos**	lavémo**nos**
vosotros	habl-**ad**	com-**ed**	escrib-**id**	lava**os**
ustedes	habl-**en**	com-**an**	escrib-**an**	láven**se**

☆ In **Lateinamerika** wir statt der Form *vosotros* die 3. Person Plural **ustedes** verwendet.

☆ **Pronomen** werden an den Befehl angehängt, wobei in der 1. und 2. Person Plural der reflexiven Verben die Endung des Verbs „verschluckt“ wird. *lavemos + nos = lavémonos - lavad + os = lavaos*

☆ Da die **Betonung** auch mit angehängtem Pronomen auf derselben Silbe bleibt, muss ein Akzent geschrieben werden: *lávate*

Ejercicio 5-1 Imperativo regular - Forma correcta

1) hablar (tú) ____________________
2) correr (Ud) ____________________
3) trabajar (ns) ____________________
4) cantar (Ud) ____________________
5) pasar (tú) ____________________
6) responder (uds) ____________________
7) acabar (uds) ____________________
8) abrir (vs) ____________________
9) tomar (ud) ____________________
10) bailar (ns) ____________________
11) discutir (vs) ____________________
12) beber (tú) ____________________
13) preguntar (vs) ____________________
14) correr (tú) ____________________
15) subir (vs) ____________________
16) vender (ud) ____________________
17) estudiar (tú) ____________________
18) lavar (uds) ____________________
19) visitar (ns) ____________________
20) discutir (uds) ____________________
21) cantar (ns) ____________________
22) hablar (ud) ____________________

5.2 Verbos particulares - Gruppenverben

★ Gruppenverben

Die **Gruppenverben** weisen auch in der Befehlsform orthografische und lautliche Besonderheiten auf.

☆ Wie in der Gegenwart wird auch in der Befehlsform bei einigen Gruppen der betonte **Stammvokal** verändert.

Veränderung des Stammvokals

e ⇨ ie			o ⇨ ue		i ⇨ ie	u ⇨ ue	e ⇨ i
pensar	**perder**	**sentir**	**contar**	**volver**	**adquirir**	**jugar**	**pedir**
piensa	**pie**rde	**sie**nte	**cue**nta	v**ue**lve	adqu**ie**re	j**ue**ga	p**i**de
piense	**pie**rda	**sie**nta	**cue**nte	v**ue**lva	adqu**ie**ra	j**ue**gue	p**i**da
pensemos	perdamos	**si**ntamos	contemos	volvamos	adquiramos	juguemos	**pi**damos
pensad	perded	sentid	contad	volved	adquirid	jugad	pedid
piensen	**pie**rdan	**sie**ntan	**cue**nten	v**ue**lvan	adqu**ie**ran	j**ue**guen	p**i**dan

☆ Viele Verben weisen **orthographische Besonderheiten** auf, die sich durch die Betonung bzw. den folgenden Laut ergeben vgl. Kapitel *2 El* presente – Die Gegenwart – *verbos particulares*

☆ Bei Verben, die auf **–cer** oder **–zar** enden, wird vor ***e*** oder ***i*** ein **c**, ansonsten ein *z* geschrieben um den ursprünglichen Laut beizubehalten.

☆ Bei Verben, die auf **–ger** oder **–gir** enden, wird aus lautlichen Gründen vor ***a*** oder ***o*** ein ***j*** geschreiben.

☆ Bei Verben auf –**gui**r wird vor ***a*** oder ***o*** das ***u*** weggelassen

☆ Verben auf **–quir** schreibt man vor ***a*** oder ***o*** das ***u*** mit **c**.

☆ Verben die auf **–gar** enden, erhalten nach dem ***g*** ein ***u***, wenn danach ein ***e*** folgt.

☆ Verben die auf **–car** enden, erhalten statt dem ***c*** ein ***qu***, wenn danach ein ***e*** folgt.

☆ Aus dem u bei Verben auf **–guar**, wird vor ***e*** ein ***ü***, um anzuzeigen, dass der Laut ***u*** gesprochen wird.

Orthographische Veränderung

c ⇨ zc	c ⇨ z	z ⇨ c	g ⇨ j	g ⇨ gu	u ⇨ ü	Akzent	i ⇨ y
ofrecer	**vencer**	**enlazar**	**coger**	**pagar**	**aguar**	**enviar**	**incluir**
ofrece	vence	enlaza	coge	paga	agua	envía	incluye
ofre**zc**a	venza	enlace	co**j**a	pag**u**e	agüe	envíe	incluya
ofre**zc**amos	venzamos	enlacemos	co**j**amos	pag**u**emos	agüemos	enviemos	incluyamos
ofreced	venced	enlazad	coged	pagad	aguad	enviad	incluid
ofre**zc**an	venzan	enlacen	co**j**an	pag**u**en	agüen	envíen	incluyan

Ejercicio 5-2 Verbos particulares - Forma correcta

1) volver (tú) ____________
2) volar (ns) ____________
3) vestirse (tú) ____________
4) servir (ud) ____________
5) sentir (tú) ____________
6) sentarse (vs) ____________
7) seguir (uds) ____________
8) repetir (ud) ____________
9) permanecer (tú) ____________
10) perder (uds) ____________
11) mostrar (ud) ____________
12) jugar (ns) ____________
13) entender (ud) ____________
14) encontrar (tú) ____________
15) empezar (ud) ____________
16) dormir (vs) ____________
17) contar (ud) ____________
18) cerrar (ud) ____________
19) ofrecer (tú) ____________
20) pagar (ns) ____________
21) enviar (tú) ____________
22) coger (ud) ____________
23) permanecer (tú) ____________
24) enlazar (vs) ____________
25) pagar (uds) ____________
26) averiguar (ud) ____________
27) coger (vs) ____________
28) incluir (tú) ____________
29) construir (uds) ____________
30) pagar (ud) ____________
31) enlazar (ns) ____________
32) concluir (ud) ____________
33) divertir (tú) ____________
34) elegir (ud) ____________
35) crecer (vs) ____________
36) pedir (ud) ____________
37) enviar (tú) ____________
38) construir (ud) ____________

5.3 Verbos irregulares - Unregelmäßige Verben

☆ Folgende Verben sind in der Befehlsform unregelmäßg:

	tú	usted	nosotros	vosotros	ustedes
tener	ten	tenga	tengamos	tened	tengan
venir	ven	venga	vengamos	venid	vengan
poner	pon	ponga	pongamos	poned	pongan
salir	sal	salga	salgamos	salid	salgan
dar	da	dé	demos	dad	den
decir	di	diga	digamos	decid	digan
hacer	haz	haga	hagamos	haced	hagan
estar	está	esté	estemos	estad	estén
ir	ve	vaya	vayamos	id	vayan
ser	sé	sea	seamos	sed	sean
traer	trae	traiga	traigamos	traed	traigan
oír	oye	oiga	oigamos	oíd	oigan
saber	sabe	sepa	sepamos	sabed	sepan

☆ Die Form ***vayamos*** von ir wird meist durch ***vamos*** oder ***vámonos*** (reflexiv) ersetzt. Auch im **Du-Befehl** wird eher das rückbezügliche **vete** verwendet.

Ejercicio 5-3 Imperativo irregular - Forma correcta

1) tener (tú) ____________________
2) ir (ns) ____________________
3) hacer (tú) ____________________
4) decir (ud) ____________________
5) poner (tú) ____________________
6) tener (vs) ____________________
7) decir (uds) ____________________
8) poner (ud) ____________________
9) ir (vs) ____________________
10) dar (tú) ____________________
11) hacer (uds) ____________________
12) dar (ud) ____________________
13) estar (ns) ____________________
14) decir (vs) ____________________
15) decir (tú) ____________________
16) tener (ud) ____________________
17) venir (vs) ____________________
18) ir (uds) ____________________
19) venir (tú) ____________________
20) hacer (ud) ____________________
21) estar (tú) ____________________
22) poner (ns) ____________________
23) ir (tú) ____________________
24) venir (ud) ____________________

Ejercicio 5-4 Imperativo - Haced frases

1) tú – comer –tapas ____________________
2) vosotros – apagar – luz ____________________
3) Usted – pagar – cuenta ____________________
4) vosotros – estudiar – gramática ____________________
5) tú – cerrar – ventana ____________________
6) usted – fumar – menos ____________________
7) tú – enviar – paquete ____________________
8) vosotros – estar – tranquilo ____________________
9) tú – apagar – radio ____________________
10) ustedes – llamar – jefe ____________________
11) vosotros – traer – regalo ____________________
12) tú – irse ____________________
13) usted – partir – avión ____________________
14) ustedes – hablar – profesor ____________________
15) tú – tomar – café ____________________
16) usted – decir – verdad ____________________
17) tú – venir – aquí ____________________
18) ustedes – ir – Francia ____________________
19) usted – dar – mí – patatas ____________________
20) tú – levantarse – temprano ____________________
21) nosotros – salir – tarde ____________________
22) tú – dar – mí – dirección ____________________
23) vosotros – hacer – tareas ____________________
24) usted – vestirse ____________________
25) tú – lavarse – pelo ____________________
26) vosotros – despertarse – ahora ____________________
27) usted – abrir – puerta ____________________
28) tú – poner – libro – mesa ____________________

6 Futuro simple - Die Zukunft

☆ Die **Zukunft** (el futuro) wird für alle Verbgruppen gleich gebildet, indem man an den **Infinitiv** die die Endungen –é, ás, -á, -emos, -éis, -án anhängt.

☆ Die unregelmäßigen Verben verändern nur ihren Stamm, die Endungen sind dieselben.

Verbos regulares		
Infinitiv		**Endung**
hablar	+	**é** **ás** **á** **emos** **éis** **án**
comer		
vivir		

Verbos irregulares

	Stamm	Futuro
tener	tendr-	
poner	pondr-	
venir	vendr-	**é**
salir	saldr-	**ás**
haber	habr-	**á**
poder	podr-	**emos**
saber	sabr-	**éis**
querer	querr-	**án**
decir	dir-	
hacer	har-	

Ejercicio 6-1 Futuro simple regular - Forma correcta

1) hablar (tú) ____________________
2) correr (él) ____________________
3) trabajar (yo) ____________________
4) cantar (ella) ____________________
5) pasar (tú) ____________________
6) responder (él) ____________________
7) comprender (ns) ____________________
8) acabar (ellas) ____________________
9) abrir (vs) ____________________
10) comprender (ellas) ____________________
11) tomar (ud) ____________________
12) acordarse (yo) ____________________
13) llamarse (él) ____________________
14) bailar (yo) ____________________
15) sentarse (ella) ____________________
16) discutir (vs) ____________________
17) preguntar (uds) ____________________
18) correr (ellos) ____________________
19) subir (vs) ____________________
20) vender (él) ____________________
21) lavar (ellos) ____________________
22) discutir (uds) ____________________
23) cantar (ns) ____________________
24) divertirse (tú) ____________________
25) llamarse (yo) ____________________
26) casarse (ellos) ____________________
27) levantarse (tú) ____________________
28) quedarse (yo) ____________________
29) ser (tú) ____________________
30) lavarse (ellas) ____________________
31) estar (él) ____________________
32) vestirse (ella) ____________________
33) irse (usted) ____________________
34) pintarse (ella) ____________________
35) encontrarse (ns) ____________________
36) sentarse (ud) ____________________
37) ser (él) ____________________
38) estar (yo) ____________________

Ejercicio 6-2 Futuro simple irregular - Forma correcta

1) venir (él) ____________________
2) decir (ellos) ____________________
3) hacer (tú) ____________________
4) salir (ellos) ____________________
5) tener (yo) ____________________
6) poner (yo) ____________________
7) oír (tú) ____________________
8) salir (él) ____________________
9) caer (yo) ____________________
10) decir (nosotros) ____________________
11) tener (ella) ____________________
12) poner (él) ____________________
13) venir (tú) ____________________
14) haber (ellos) ____________________
15) decir (usted) ____________________
16) hacer (yo) ____________________
17) salir (él) ____________________
18) poner (ella) ____________________
19) hacer (tú) ____________________
20) tener (ns) ____________________
21) decir (ellos) ____________________
22) hacer (ella) ____________________
23) poder (usted) ____________________
24) tener (tú) ____________________

Ejercicio 6-3 Futuro simple - Forma correcta

1) responder (él) ____________________
2) trabajar (yo) ____________________
3) pasar (tú) ____________________
4) correr (él) ____________________
5) comprender (ns)____________________
6) acabar (ellas) ____________________
7) abrir (vs) ____________________
8) comprender (ellas) ____________________
9) cantar (ella) ____________________
10) traer (él) ____________________
11) tomar (ud____________________
12) dar (yo) ____________________
13) hablar (tú) ____________________
14) venir (él) ____________________
15) ver (ns) ____________________
16) hacer (tú) ____________________
17) salir (ellos) ____________________
18) poner (yo) ____________________
19) ser (tú) ____________________
20) oír (tú) ____________________
21) estar (yo) ____________________
22) caer (yo) ____________________
23) hablar (ella) ____________________
24) decir (ellos) ____________________
25) tener (tú) ____________________
26) estar (él) ____________________
27) ser (él) ____________________
28) tener (ella) ____________________

Ejercicio 6-4 Futuro simple - Sol y luna

Ergänzt die folgenden Texte mit den Formen der Zukunft.

El Sol: El lunes 15, el Sol (salir) ________________________ a las 6:57 y se (poner) ________________________ a las 21:44. Ya el domingo (amanecer - Tag werden) ________________________ cinco minutos más tarde, y (atardecer – Abend werden) ________________________ cuatro minutos antes. En total, esta semana (nosotros perder) ________________________ nueve minutos de luz solar.

La Luna: El miércoles 17, la Luna (entrar) ________________________ a las 6:48, en su fase de cuarto creciente (zunehmend). Poco después (pasar) ________________________ a Escorpio (Skorpion). El viernes (ingresar) ________________________ en Sagitario. (aus: Mía N°827, 2002)

Ejercicio 6-5 Futuro simple - Horóscopo

I. Im folgenden Horoskop fehlen die Formen der Zukunft. Setzt alle in die Sie-Form.

Aries 21 marzo – 20 abril

Amor: (Encontrar) ________________________ una persona que le (interesar) ________________________ mucho. (ser) ________________________ una persona muy amable.

Trabajo: En los primeros meses (querer) ________________________ cambiar el puesto de trabajo. (buscar) ________________________ algunas semanas y después (encontrar) ________________________ un trabajo interesante.

Salud: (Tener) ________________________ que hacer más deporte. La salud (mejorarse) ________________________ en las primeras semanas del próximo año. (aus: Mía N°827, 2002)

II. Schreibt für eine Freundin / einen Freund ein Horoskop nach obigem Muster, jedoch in der Du-Form.

7 Los adjetivos - Die Eigenschaftswörter

7.1 Las formas del adjetivo - Die Formen des Adjektivs

Adjektive sind **Eigenschaften** und bestimmen immer ein **Substantiv**, mit dem sie in Geschlecht und Zahl **übereingestimmt** werden müssen.

★ Männliche und weibliche Form (masculino y femenino)

- ☆ Die **meisten Adjektive** haben im Singular 2 Formen: eine männliche Form (Grundform) und eine weibliche. Dazu gehören Adjektive, die auf *–**o**, **-dor**, **-ón*** oder ***-án*** enden und **Nationalitätsbezeichnungen**.
  viejo - alt, trabajador - fleißig, alemán - deutsch, inglés - englisch
- ☆ **Die weiblichen Form** (el femenino) dieser Adjektive wird durch die Endung –***a*** gebildet
  vieja, trabajadora, alemana, inglesa
- ☆ Bei Adjektiven, die auf **andere Konsonanten, *-e*** oder ***-a*** enden, sind die männliche und weibliche Form gleich:
  interesante - interessant, gris - grau, difícil - schwierig, belga - belgisch, optimista – optimistisch, real – wirklich, gentil - freundlich
- ☆ **Unveränderbar** sind außerdem
  Adjektive, die von einem **Substantiv** abgeleitet wurden:
  naranja - orange, marrón – braun, rosa -rosa, violeta
  zusammengesetzte Farbadjektive:
  rojo claro – hellrot

★ Die Mehrzahl (el plural)

wird durch folgende Endungen gebildet:

- ☆ ***-s*** (nach unbetontem Vokal) *nueva – nuevas, grande – grandes* oder
- ☆ ***-es*** (nach Konsonant) gebildet *joven – jóvenes* (die Betonung bleibt auf der gleichen Silbe, im Plural nicht mehr die vorletzte, daher ist hier ein Akzent notwendig. vgl. Kapitel *14 Pronunciación*)
- ☆ **-ces** (nach z) – *z* wird zu *c* z.B.: *feliz – felices*
- ☆ Ein **Adjektiv,** das sich auf **mehrere Substantive** bezieht, steht immer in der Mehrzahl:
  *una blusa y un chal negr**os** –eine schwarze Bluse und ein schwarzer Schal*
  *una blusa y una chaqueta bonit**as** – eine hübsche Bluse und eine hübsche Jacke*

Ejercicio 7-1 Adjetivos - Masculino - femenino, singular - plural

Bildet die weibliche Form und setzt beide in die Mehrzahl.

1) grande ______	11) pequeño ______
2) árabe ______	12) negro ______
3) joven ______	13) triste ______
4) naranja ______	14) alegre ______
5) interior ______	15) bonito ______
6) alemán ______	16) importante ______
7) español ______	17) fácil ______
8) rosa ______	18) seguro ______
9) viejo ______	19) marrón ______
10) guapo ______	20) verde ______

Ejercicio 7-2 Adjetivos - Haced frases

Bildet kurze Sätze in Singular (sg) oder Plural (pl) und findet die richtigen Endungen der Adjektive. Achtung auf *ser* und *estar*!

1) casa – grande (sg) ______
2) tapas – bueno (pl) ______
3) España – español (pl) ______
4) ventana – abierto (sg) ______
5) puerta – cerrado (pl) ______
6) chica – bravo (sg) ______
7) libro – interesante (pl) ______
8) árbol – alto (pl) ______
9) coche – rápido (sg) ______
10) vaso – lleno (pl) ______
11) pelota – redondo (sg) ______
12) manzana – rojo (sg) ______
13) agua – salado (sg) ______
14) cueva – oscuro (sg) ______
15) sierra – frío (pl) ______
16) caramelo – bueno (pl) ______

Ejercicio 7-3 Nombres y adjetivos – Combinad

Ordnet den Substantiven Adjektive zu und vergesst nicht aufs Übereinstimmen.

1) botella	blanco
2) foto	redondo
3) habitación	lleno
4) mar	individual
5) mesa	extranjero
6) playa	conocido
7) restaurante	abierto
8) señora	azul
9) tapas	viejo
10) temporada	bueno
11) ventana	alto

Ejercicio 7-4 Adjetivos – Contrarios – Sopa de letras

1) grande ____________________
2) caro ____________________
3) bueno ____________________
4) aburrido ____________________
5) alegre ____________________
6) negro ____________________
7) joven ____________________
8) viejo ____________________
9) rico ____________________
10) inteligente ____________________
11) ocupado ____________________
12) lleno ____________________

A	H	J	Y	T	R	H	K	P	C	E
G	H	P	E	Q	U	E	Ñ	O	Y	K
T	S	T	M	Y	Y	D	E	B	Y	R
E	Y	B	A	R	A	T	O	R	I	O
D	E	U	L	W	S	R	R	E	E	T
Y	J	R	O	H	D	I	T	E	S	E
I	N	T	E	R	E	S	A	N	T	E
M	J	V	F	F	F	T	J	F	U	S
S	R	F	V	T	G	E	V	A	P	Y
R	B	L	A	N	C	O	I	G	I	K
J	T	D	C	E	J	S	E	H	D	L
M	E	V	A	C	I	O	J	J	O	H
S	Y	Y	N	U	E	V	O	J	Y	R
R	J	R	T	A	K	G	R	T	D	E
U	T	U	E	H	L	J	D	R	S	S

7.2 La posición del adjetivo - Die Stellung des Adjektivs

Adjektive können im Satz attributiv (bei einem Substantiv) oder prädikativ (nach einem Verb) verwendet werden.

★ Attribut

Als Attribut stehen Adjektive direkt bei einem Substantiv:
la nueva casa - das neue Haus, un apartamento grande - eine große Wohnung

☆ **Nach** dem Substantiv stehen die meisten Adjektive:
una fiesta alegre – ein fröhliches Fest,
un regalo bonito – ein hübsches Geschenk

☆ **Vor** dem Substantiv stehen
Adjektivisch verwendete Pronomen, Mengen und Ordnungszahlen:
mucho – viel, poco – wenig, demasiado – zu viel, alguno – irgendeiner, ninguno – keiner, otro – anderer, primero – erster,
muchas cosas – viele Dinge
algunos libros –einige Bücher
demasiados errores – zu viele Fehler
el primer piso – der erste Stock
buen(o), mal(*o*),
un buen libro –ein gute Buch
una buena alumna – eine gute Schülerin
mal tiempo – schlechtes Wetter
Eigenschaften, die durch Voranstellung ihre Bedeutung ändern:
un hombre grande – ein großer Mann
un gran hombre – ein großer (großartiger) Mann
una chica pobre – ein armes Mädchen (das kein Geld hat)
una pobre chica – ein armes Mädchen (das Pech gehabt hat)

☆ **Veränderung der Form**
Einige Adjektive änderen vor männlichen Substantiven ihre Form
un libro bueno / malo – un buen / mal libro
alguno – algún, niguno – ningún, grande - gran

★ Prädikativ

bedeutet, dass Adjektive nach einem bestimmten Verb (z.B. ser, estar oder parecer) stehen. Auch diese Adjektive müssen, im Gegensatz zum Deutschen immer mit dem Substantiv oder Pronomen, auf das sie sich beziehen, übereingestimmt werden.
La casa es nueva. - Das Haus ist neu
El chico está enfermo. – Der Junge ist krank.
La película me parece buena. – Den Film finde ich gut.

Ejercicio 7-5 Adjetivos - Haced frases

Bildet Sätze und passt auf die richtige Stellung und die Endung der Adjektive auf.

1) me - gustar - casa – grande
2) él - comer - tapas – bueno
3) nosotros – conocer – amigos - inglés
4) usted - tener - apartamento - pequeño
5) vosotros – ser – estudiantes - malo
6) Pablo – ser – amigo - bueno
7) Maria y Carmen – tener – faldas - naranja
8) yo – escuchar – música – clásico
9) ellos – tener – errores - demasiado
10) usted – girar – calle – segundo
11) Mercedes – comprar – reloj – nuevo
12) tú – gustar – revistas – francés
13) invierno –hacer – tiempo – malo
14) tú – estar – chica – pobre (mala suerte)
15) él – tener – idea – buena
16) nosotros – estar – chicos – pobre (sin dinero)
17) este actor – es – hombre – grande
18) tú – tener – libros – mucho
19) Mercedes – vivir – piso – primero
20) Usted – no tener – película - otro

7.3 La comparación - Vergleich und Steigerung

★ Vergleich

Der Vergleich wird im Spanischen durch die Adverbien ***tan – como*** (so – wie) wiedergegeben.

Maria es tan guapa como Mercedes. – Maria ist so hübsch wie Mercedes.
El nuevo coche es tan rápido como el viejo. - Das neue Auto ist so schnell wie das alte.

★ Komparativ - 1. Steigerungsstufe

Mit ***más – que*** (mehr als) oder ***menos – que*** (weniger als) werden unterschiedliche Grade von Eigenschaften wiedergegeben.

Maria es más guapa que Carmen. – Maria ist hübscher als Carmen.
Carmen es menos guapa que Maria. – Carmen ist weniger hübsch als Maria.
Escirbir es más fácil que hablar. – Schreiben ist leichter als sprechen.

★ Superlativ - 2. Steigerungsstufe

Die 2. Steigerungsstufe wird mit dem **bestimmten Artikel** und ***más*** bzw. ***menos*** gebildet.

Maria es la chica mas guapa. – Maria ist das hübscheste Mädchen.
El nuevo coche es el más rápido. - Das neue Auto ist das schnellste.

★ Unregelmäßige Formen

☆ Einige Adjektive haben unregelmäßige Steigerungsformen:

		Komparativ	Superlativ
gut	bueno	mejor	el/la mejor
schlecht	malo	peor	el/la peor
groß	grande	mayor / más grande	el / la mayor / más grande
klein	pequeño/a	menor / más pequeño/a	el / la menor / más pequeño/a

☆ ***grande*** und ***pequeño*** habe zwei Komparativ- und Superlativformen. Die unregelmäßigen Formen werden häufiger gebraucht, die regelmäßigen Formen stehen nur für konkret messbare Größen.

Mi hija menor tiene 14 años. – Meine kleinere (jüngere) Tochter ist 14 Jahre.
Esta casa es más pequeña que la mia. – Dieses Haus ist kleiner als meines.
Mi hijo mayor tiene 19 años. – Mein älterer Sohn ist 19 Jahre.
Pero mi hijo menor es más grande. - Aber mein jüngerer Sohn ist größer.

Ejercicio 7-6 Comparación - Buscad las formas que faltan

Adjetivo	Comparativo	Superlativo
pequeño		
	mejor	
grande		
		la peor
	menos rápido	
		la más guapa

Ejercicio 7-7 Comparación - Haced frases con *más*

Bildet Sätze mit *más*

1) Asia grande Europa ______
2) Julio caliente mayo ______
3) azúcar dulce miel ______
4) Maria simpático Ana ______
5) coche rápido bicicleta ______
6) león peligroso gato ______
7) mi tía joven tuya ______
8) su trabajo fatigoso mío ______
9) español fácil inglés ______
10) Enrique Iglesias famoso su padre ______

Ejercicio 7-8 Comparación - Haced frases con *menos*

Bildet von obigen Beispielen Sätze mit *menos*

1) Europa ______
2) mayo ______
3) miel ______
4) Ana ______
5) bicicleta ______
6) gato ______
7) tu tía ______
8) mi trabajo ______
9) inglés ______
10) su padre ______

Ejercicio 7-9 Comparación - Superlativo

Bildet Sätze mit dem Superlativ

1) Tonia – bueno – clase
2) moda italiana – famoso – mundo
3) Navidad – fiesta – bello – año
4) Sicilia – isla – grande – Mediterráneo
5) nuestros profesores – bueno – universidad
6) esta calle – largo - ciudad

Ejercicio 7-10 Comparación - Haced frases

Bildet folgende Vergleiche: ++ am meisten, + mehr, - weniger, = gleich

1) coche nuevo + rápido / viejo ____________________
2) este periódico ++ interesante ____________________
3) Susana ++ guapa / clase ____________________
4) francés + difícil / inglés ____________________
5) Carmen + pequeño / Mercedes ____________________
6) Maria = grande Carmela ____________________
7) mi casa + grande / tuya ____________________
8) tapas en Barcelona = bueno / en Madrid ____________________
9) vosotros /amigos ++ bueno ____________________
10) apartamento – pequeño / mío ____________________
11) estos estudiantes + malo / mis estudiantes ____________________
12) Pablo amigo ++ bueno ____________________
13) Carmen / faldas + cortas / Mercedes ____________________
14) calle ++ estrecho / de la ciudad ____________________
15) Mercedes / reloj + precios / mío ____________________
16) verano / tiempo + bueno / invierno ____________________
17) él / ideas ++ bueno ____________________
18) Esta película +malo / otra ____________________
19) Maria y Clara + joven / Pedro ____________________
20) trenes – cómodo / aviones ____________________

8 Los pronombres - Die Pronomen

8.1 Los pronombres personales - Persönliche Fürwörter

★ **Pronombres personales**

Subjekt	Betont nach Präpositionen	Objektpronomen unbetont	
		indirekt	direkt
yo	mí	me	
tú	ti	te	
él	él	le	le/ lo
ella	ella		la
usted	usted		le / la
nosotros / as	nosotros / as	nos	
vosotros / as	vosotros / as	os	
ellos	ellos	les	les / los
ellas	ellas		las
ustedes	ustedes		les / las

★ **Subjektpronomen**

Da die jeweilig Person an der Endung erkennbar ist, werden die Subjektpronomen (persönliche Fürwörter im 1. Fall) im Spanischen normalerweise weggelassen. Sie werden nur gebraucht, um eine bestimmte Person zu betonen oder zu unterscheiden, wenn sie aus dem Zusammenhang nicht klar erkennbar ist, z.B. *él* und *ella*.

☆ Das deutsche **höfliche Sie** wird im Spanischen durch die dritte Person wiedergegeben. Spricht man eine Person an, so verwendet man ***usted***, bei mehreren Personen ***ustedes***. Diese beiden Pronomen werden meist genannt, da es höflicher klingt.

☆ Im **südamerikanischen** Spanisch wird die 3. Person Plural (ustedes) anstelle der 2. Person (vosotros) verwendet.

☆ In der **1., 2. und 3. Person Plural** muss bei der Verwendung des Pronomens unterschieden werden, ob eine rein weibliche Gruppe (*nosotr**as**, vosotr**as*** oder *ell**as***) gemeint ist, oder ob es sich um eine gemischte oder männliche Gruppe handelt (*nosotr**os**, vosotr**os**, ell**os***).

★ **Betonte Pronomen**

Die betonten (unverbundenen) Pronomen lauten, außer in der 1. und 2. Person Singular (***mí, ti***) gleich wie die Subjektpronomen und werden verwendet:

☆ **nach Präpositionen**
He comprado este libro para ti. - Ich habe dieses Buch für dich gekauft.

☆ **zur Hervorhebung**:
¿A ti te gusta bailar? – Tanzt du gerne?

★ Objektpronomen

Objektpronomen ersetzten ein

☆ **indirektes Objekt** (Dativ - 3. Fall) mit Präposition ***a***:
Escribo a mi amiga. – Le escribo. – Ich schreibe ihr.

☆ **direktes Objekt** (Akkusativ - 4. Fall) ohne Präposition:
Compro la blusa. – La compro. – Ich kaufe sie.

☆ **einen acusativo personal mit *a*** (persönlicher Akkusativ)
Veo a esta chica. – La veo. – Ich suche sie.

☆ **1. und 2. Person** Singular und Plural sind im **Dativ** und **Akkusativ** gleich:

me (mir, mich)	*nos (uns)*
te (dir, dich)	*os (euch)*

☆ das **indirekte Objekt** in der **3. Person** kennt nur je eine Form im **Singular** und im **Plural**:
Le *doy un libro. Ich gebe ihr / ihm / Ihnen ein Buch*
Les doy un libro. Ich gebe ihnen / Ihnen ein Buch.

☆ beim **direkten Objekt** gibt es in der **3. Person** je eine **männliche** und **weibliche** Form für **Singular** und **Plural**:
¿Conoces a la chica / las chicas. - La /Las conozco. – Ich kenne sie.
Compro el libro / los libros. – Lo / los compro. – Ich kaufe es / sie.

☆ Ist das **Akkusativobjekt** eine oder mehrere männliche Personen, so werden in Spanien häufig die Formen le bzw. les (=indirekte Objektpronomen) verwendet.
¿Conoces a Pablo? Le conozco. ¿Conoces a estos chicos? – Les conozco.

★ Stellung im Satz

☆ **vor dem Verb**: Alle Pronomen (Subjet-, Objekt- und Reflexivpronomen) stehen normalerweise vor dem Verb

☆ **nach dem Verb**:
- **Imperativ**: Pronomen müssen an den Imperativ angehängt werden:
¡Díme! – Sag mir!
- **Infinitiv und Gerundio**: Steht im Satz ein Infinitiv oder ein Gerundio können Pronomen an den Infinitiv **angehängt** werden **oder vor** dem konjugierten Verb stehen.
Quiero verte. / Te quiero ver. – Ich möchte dich sehen.
Voy a escribirle. / Le voy a escribir. – Ich werde ihr schreiben.
Estoy escribiéndole. / Le estoy escribiendo. – Ich schreibe ihr gerade.
(Achtung: wird das Pronomen angehängt, muss ein Akzent gesetzt werden, um die Betonung beizubehalten.

★ Besonderheiten

Einige Verben verlangen ein anderes Objekt als im Deutschen. Die wichtigsten sind:

☆ ***ayudar*** (helfen) - Spanisch 4. Fall – Deutsch 3. Fall
La ayudo. – Ich helfe ihr

☆ ***preguntar*** (fragen), ***llamar*** (anrufen) – Spanisch 3. Fall – Deutsch 4. Fall
Le pregunto. – Ich frage sie. Le llamo. – Ich rufe sie an.

Ejercicio 8-1 Pronombres indirectos - Sustituid

1) Maria regala una camisa *a su novio.* ______________________
2) El profesor explica algo *a sus estudiantes.* ______________________
3) Voy a dar un libro *a mi amigo.* ______________________
4) La semana pasada conté una historia *a mis niños.* ______________________
5) Nuestra madre prepara la comida *para nosotros.* ______________________
6) Pablo ofrece un zumo *a sus amigos.* ______________________
7) El camarero trae el menú *a los clientes.* ______________________
8) Ana ha dado la nueva dirección *a su tía.* ______________________
9) Marco escribe una carta *a sus padres.* ______________________
10) Las flores gustan mucho *a Maria.* ______________________
11) Marisa no responde *a Mercedes.* ______________________
12) ¿Qué has contado *a tu hermano*? ______________________
13) Escribir cartas no gusta *a Carmen.* ______________________
14) Pedro regala un perfume *a su novia.* ______________________

Ejercicio 8-2 Pronombres indirectos - Contestad

1) ¿Te gusta el helado? ______________________
2) ¿Señor Sánchez, me puede dar este libro? ______________________
3) ¿Os gustan estas flores? ______________________
4) ¿Me das tu dirección? ______________________
5) ¿Nos preparas algo para comer? ______________________
6) ¿Me dice la verdad, vale? ______________________
7) ¿Os gusta este coche? ______________________
8) ¿Nos escribís una carta? ______________________
9) ¿Me has comprendido? ______________________
10) ¿Ya te he dicho esto? ______________________
11) ¿Profesor, me puede explicar esto? ______________________
12) ¿Tus padres te dan dinero? ______________________
13) ¿Qué puedo ofrecerte? ______________________
14) ¿Nos mandas un mensaje? ______________________
15) ¿Me puedes llamar? ______________________

16) ¿Vas a escribir *a ella*? ____________________

17) ¿Me mandas *una tarjeta postal*? ____________________

18) ¿Me das *un poco de dinero*? ____________________

Ejercicio 8-3 Pronombres directos - Sustituid

1) Maria regala *una camisa* a su novio. ____________________
2) El profesor explica *la gramática* a sus estudiantes. ____________________
3) Voy a dar *un libro* a mi amigo. ____________________
4) La semana pasada conté *una historia* a mis niños. ____________________
5) Nuestra madre prepara *la comida* para nosotros. ____________________
6) Pablo ofrece *un zumo* a sus amigos. ____________________
7) El camarero trae *el menú* a los clientes. ____________________
8) Ana ha dado *la nueva dirección* a su tía. ____________________
9) ¿Entiendes *la música*? ____________________
10) Pedro conoce *a estas chicas*. ____________________

Ejercicio 8-4 Pronombres directos - Contestad con un pronombre

1) ¿Oye *el coche*? ____________________
2) ¿Puedes comprender *las palabras*? ____________________
3) ¿Entiende *la conversación*? ____________________
4) ¿Tus padres van a comprar *el coche*? ____________________
5) ¿Lee Maria *las cartas*? ____________________
6) ¿Conocen tus amigos *a Ana*? ____________________
7) ¿Vas a escribir *una tarjeta postal* a tu madre? ____________________
8) ¿Los estudiantes saben *el lugar del examen*? ____________________
9) ¿Cuándo tienes *tu examen*? ____________________
10) ¿Escuchas *la música de Iglesias*? ____________________
11) ¿Conoces *a esta chica*? ____________________
12) ¿Has invitado *todos los amigos*? ____________________
13) ¿Quieres comprar *estos pantalones*? ____________________
14) ¿Ya has leído *este libro*? ____________________
15) ¿ Toma usted *el café*? ____________________

16) ¿Dónde habéis dejado *vuestro coche*? ______

17) ¿Ves a *esta chica guapa*? ______

18) ¿Ya habéis conocido *mis amigos*? ______

19) ¿Cuándo quieres terminar *tus estudios*? ______

20) ¿A quién escribe usted *la tarjeta postal*? ______

21) ¿Vas a comprar *la blusa negra*? ______

22) ¿Quiere usted comprar *estas manzanas*? ______

23) ¿Puedes apagar la luz? ______

24) ¿Desde cuándo sigue usted este curso? ______

Ejercicio 8-5 Pronombres directos e indirectos - Haced frases

Bildet je Punkt drei Sätze

a) einen ganzen Satz mit den fehlenden Artikeln und Präpositionen
b) einen Satz mit einem Pronomen für das direkte Objekt und
c) einen Satz mit einem Pronomen für das indirekte Objekt.

1) Mercedes - enviar - carta – Juan ______

______

2) vosotros - ofrecer - bebidas - amigos ______

______

3) yo - elegir - menú - para nosotros ______

______

4) Maria - no dar - libro - sus niños ______

______

5) Mercedes - pedir –tapas - camarero______

______

6) camarero - servir - postres – todos ______

______

7) ella - servir - desayuno – chicas ______

______

8) tú poder - pedir - cuenta – camarero ______

______

9) estudiantes - hacer - regalos - para – profesora ______

______

10) Mercedes – comprar– revista – ti ______________________________

____

11) alumnos – decir – verdad – maestra ______________________________

____

12) tú – poder dar – regalos – hijos ______________________________

____

Ejercicio 8-6 Imperativo con pronombres - Sustituid

Bildet Befehle und ersetzt die Substantive durch Pronomen

1) usted – mostrar – móviles ______________________________
2) vosotros – traer – regalos______________________________
3) usted – pagar – cuenta ______________________________
4) vosotros – estudiar – gramática ______________________________
5) tú – enviar – paquetes ______________________________
6) ustedes – llamar – jefe______________________________
7) tú – irse ______________________________
8) usted – tomar – avión ______________________________
9) vosotros – apagar – luz ______________________________
10) tú – levantarse – temprano______________________________
11) ustedes – hablar – profesor ______________________________
12) tú – cerrar – ventanas______________________________
13) usted – decir – verdad ______________________________
14) tú – apagar – radio______________________________
15) usted – dar – mí – patatas ______________________________
16) tú – comer –tapas______________________________
17) tú – dar – mí – dirección ______________________________
18) vosotros – hacer – tareas ______________________________
19) tú – tomar – café ______________________________
20) usted – vestirse ______________________________
21) tú – lavarse – pelo ______________________________
22) usted – abrir – puerta______________________________
23) tú – poner – libro – mesa______________________________

8.2 Los pronombres posesivos - Die Possessivpronomen

★ Die **Possessivpronomen** stehen im Gegensatz zu den Possessivbegleitern (mi, tu, su...) allein im Satz, d.h. sie stehen nicht direkt bei einem Substantiv, sondern ersetzen es, z.B.
Este coche es de Maria. –Es el suyo.

Possessivpronomen

Singular	Plural
mío / mía	míos / mías
tuyo / tuya	tuyos / tuyas
suyo / suya	suyos / suyas
nuestro nuestra	nuestros nuestras
vuestro vuestra	vuestros vuestras
suyo / suya	suyos / suyas

Ejercicio 8-7 Pronombres posesivos - Transformad

ejemplo: mi madre: *es la mía*

1) mi foto es ____________
2) tus ciudades ____________
3) su región ____________
4) nuestra mano ____________
5) mis idiomas ____________
6) sus balcones ____________
7) mi flor ____________
8) nuestros países ____________
9) vuestros viajes ____________
10) su hotel ____________
11) mis hijos ____________
12) tus trajes ____________
13) nuestras voces ____________
14) vuestras tías ____________
15) mis problemas ____________
16) nuestros médicos ____________
17) sus padres ____________
18) mis faldas ____________

Ejercicio 8-8 Pronombres y determinantes posesivos

ejemplo: la madre de Tonio es: *su madre - la suya*

1) el amigo de Pablo es ____________
2) la hija de Maria y Antonio es ____________
3) los padres de Clara y Mercedes son ____________
4) el compañero de Pepe es ____________
5) la familia de nosotros es ____________
6) la dirección de ti es ____________
7) los amigos de vosotros son ____________
8) la casa de mis amigos es ____________
9) el novio de Carina es ____________
10) las cartas de Pedro son ____________

8.3 Los pronombres demostrativos – Die Demonstrativpronomen

☆ Die **Demonstrativpronomen** weisen auf **Personen** oder **Dinge** hin und werden mit dem Substantiv in Geschlecht und Zahl **übereingestimmt**.

	hier		etwas entfernt		weit entfernt	
	Singular	Plural	Singular	Plural	Singular	Plural
m	este	estos	ese	esos	aquel	aquellos
f	esta	estas	esa	esas	aquella	aquellas
n	esto		eso		aquello	

☆ Sie unterscheiden sich je nach Distanz zum Sprecher
beim **Sprecher**: *este libro – dieses Buch (hier), estas chicas – diese Mädchen,*
beim **Angesprochenen** oder etwas entfernt: *ese señor – dieser Herr(da drüben)*
und **weiter** entfernt (örtlich und zeitlich): *aquel día – an jenem Tag (damals)*
Esta falda me gusta, pero aquellano.

☆ ***esto, eso*** und ***aquello*** sind neutral und stehen nie bei einem Substantiv.
¿Qué es esto? – Was ist das?

☆ Stehen die männlichen und weiblichen Formen ohne Substantiv, erhalten sie einen Akzent: *Ésta es una mesa. – Das ist ein Tisch.*

Ejercicio 8-9 Pronombres demostrativos - Formas

Schreibt zu den angegebenen Substantive alle drei Formen: este/ese/aquel

1) fotos ____________________
2) ciudad ____________________
3) regiones ____________________
4) idioma ____________________
5) balcón ____________________
6) flores ____________________
7) país ____________________
8) viaje ____________________
9) hoteles ____________________
10) traje ____________________
11) voz ____________________
12) problema ____________________
13) médico ____________________
14) falda ____________________

Ejercicio 8-10 Buscad el pronombre correcto – este, ese, aquel?

1) _________ chaqueta me gusta, pero _________ no me gusta.
2) _________ libro es más interesante que _________ de Cervantes.
3) ¿Te gustan _________ faldas? ¿Cuáles? ¿_________ o _________?
4) ¿Qué es _________? _________ es una rosa.
5) Te puedo dar dos revistas. _________ es más interesante que _________ .
6) ¿Te llevas _________ blusa, que tienes en la mano?

9 Las preposiciones - Die Präpositionen

9.1 Preposiciones frecuentes - Häufige Präpositionen

★ Einfache und zusammengesetzte Präpositionen

☆ Die häufigsten einfachen Präpositionen in ihrer Grundbedeutung sind folgende

a	nach	por	wegen	sin	ohne	durante	während
en	in	para	für	sobre	auf	hasta	bis
de	von	con	mit	desde	seit	hace[3]	vor
contra	gegen	entre	zwischen	tras	hinter	bajo	unter

☆ Die häufigsten zusammengesetzte Präpositionen in ihrer Grundbedeutung sind:

al lado de	neben	cerca de	in der Nähe	dentro de	innerhalb
antes de	vor (zeitl.)	a través de	(quer) durch	delante de	vor (örtl.)

★ Besonderheiten in der Form:

☆ ***a*** und ***de*** verschmelzen mit dem **Artikel**:
a + el = al, de + el = del

☆ ***con*** bildet mit **Pronomen** im Singular besondere Formen:
con + mí = conmig, con + ti = contigo,con +sí = consigo

9.2 El uso de las preposiciones -Die Verwendung der Präpositionen

★ A

☆ **Richtungsangabe (¿adónde? - wohin?)**
Voy a casa. – Ich gehe nach Hause.
Va a Barcelona. – Er fährt nach Barcelona

☆ **Entfernung**
La escuela está a 400 metros de aquí. – Die Schule ist 400 m von hier entfernt.

☆ **Zeitpunkt**
a mediodía – zu Mittag
a las cinco – um fünf Uhr

☆ **Dativ und acusativo personal**
Doy el libro a Maria. – Ich gebe Maria das Buch. (Dativ)
Veo a Carina. – Ich sehe Carina. (Akkusativ)

☆ **Mittel**
escribo a máquina / a mano – ich schreibe mit der Maschine / Hand

☆ **nach bestimmten Verben**
empezar / comenzar a – beginnen zu
llegar a – ankommen an
acostumbrarse a – sich gewöhnen an
decidirse a – sich entscheiden zu

[3] hace ist eigentlich ein Verb (hacer), wird aber auch als Präposition für Zeitangaben verwendet

★ EN

☆ **Ortsangabe (¿dónde? – wo?)**
Estoy en la escuela. – Ich bin in der Schule
El vaso está en la mesa. – Das Glas ist am Tisch.

☆ **Zeitangabe**
en una hora – in einer Stunde
en verano – im Sommer
en 1492 – (im Jahr) 1492

☆ **Mittel**
voy en coche / en tren– ich fahre mit dem Auto / Zug
en alemán – auf Deutsch

☆ **nach bestimmten Verben**
pensar en – denken an
entrar en – eintreten
consistir en – bestehen auf
creer en – glauben an

★ DE

☆ **Herkunft**
Rosa es de Bolivia. – Rosa ist aus Bolivien.
Vengo de España. – Ich komme aus Spanien.
de Madrid a Barcelona – von Madrid nach Barcelona

☆ **Genitiv**
Este libro es de Mario. – Dieses Buch gehört Mario.
la casa de Maria – das Haus von Maria

☆ **in Mengenangaben**
un litro de leche – ein Liter Milch
una lonja de jamón – eine Scheibe Schinken

☆ **Datum**
el 10 de enero de 2003 – der / am 10. Jänner 2003

☆ **nach Verben**
acabar / terminar de – aufhören zu
tratar de – versuchen zu
darse cuenta de – bemerken
enamorarse de – sich verlieben in
alegrarse de – sich freuen über / auf

★ CON

☆ **mit**
con la mano – mit der Hand
con mi amiga – mit meiner Freundin
con interés – mit Interesse

☆ **nach Verben**
quedarse con – behalten
soñar con – träumen
contar con – rechnen mit

★ **POR**

☆ **Grund und Ursache**
¿Por qué no vas al mar? –Warum fährst du nicht ans Meer?
Vengo sólo por ti. – Ich komme nur wegen dir.

☆ **Mittel**
La invito por correo electrónico. – Ich lade sie per Email ein.

☆ **ungefähre Ortsangabe**
Estamos paseando por el parque. – Wir gehen durch den Park spazieren.
un viaje por Bolivia – eine Reise (quer) durch Bolivien

☆ **ungefähre Zeitangabe**
Nos vemos por la tarde. – Wir sehen uns nachmittag(s).

★ **PARA**

☆ **Zweck und Absicht (um zu, für)**
Estoy aquí para aprender español. – Ich bin hier, um Spanisch zu lernen.
Este libro es para Carmen. – Dieses Buch ist für Carmen.

☆ **Ziel**
El tren para Madrid sale a las dos. – Der Zug nach Madrid fährt um 2 Uhr.
Mañana parto para España. – Morgen fahre ich nach Spanien.

☆ **Meinung**
Para él es muy importante. – Seiner Meinung nach ist es sehr wichtig.

★ **Weitere Ortsangaben**

☆ ***entre*** *la playa y la calle – zwischen dem Strand und der Straße*
☆ ***desde*** *Madrid* ***hasta*** *Barcelona – von Madrid - nach Barcelona*
☆ ***delante al*** *restaurante – vor dem Restaurant*
☆ ***hacia*** *Málaga – in Richtung Málaga*
☆ ***encima de*** *– über (oberhalb)*
☆ ***sobre*** *– über*
☆ ***debajo de*** *– unter*
☆ ***al lado de*** *– neben*
☆ ***a través de*** *– durch*
☆ ***frente a*** *– gegenüber*

★ **Weitere Zeitangaben**

☆ ***desde*** *las cinco – seit fünf Uhr (seit + Zeitpunkt)*
☆ ***desde hace*** *cinco minuntos - seit 5 Minuten (seit + Zeitraum)*
☆ ***desde que*** *estudio español – seit ich Spanisch lerne (seit + Verb)*
☆ ***hace*** *un año – vor einem Jahr*
☆ ***antes de*** *– vor*
☆ ***después de*** *– nach*
☆ ***hasta*** *– bis*
☆ ***desde – hasta*** *– von – bis*
☆ ***hacia*** *- gegen*
☆ ***a partir de mañana*** *– ab morgen*

★ **andere:**

☆ ***sin*** *– ohne*
☆ ***según*** *(gemäß, laut)*

Ejercicio 9-1 Preposiciones de lugar

1) Tienes que girar ________ izquierda
2) La farmacia está (neben) ________ hospital.
3) Nuestra coche está (vor) ________ mi casa.
4) El supermercado está ________ derecha ________ parque.
5) El vuelo ________ Madrid ________ Barcelona cuesta 300 €.
6) ¿Cuándo salís ________ España?
7) El libro está (über) ________ el cuaderno.
8) Este tren va solo ________ Sevilla ________ Córdoba.
9) El vaso está (unter) ________ la mesa.
10) El cine está (gegenüber) ________ la iglesia.
11) Vamos (durch) ________ parque.
12) Estepona está (zwischen)________ Marbella y Gibraltar.
13) Maria quiere viajar ________ Barcelona y después ________ Málaga.
14) Todos los días tengo que conducir ________ Estepona ________ Gibraltar.
15) Ana trabaja ________ un hospital ________ Vigo, que está ________ el norte de España..
16) ¿Cuándo vuelves ________ casa? No puedo venir ________ casa porque tengo que quedarme ________ la ciudad.
17) Mañana vamos a partir ________ Francia.
18) Tenemos que salir ________ casa bastante temprano.
19) Mis amigos vienen ________ Bolivia.
20) Después de la comida vamos ________ la ciudad y allí paseamos ________ el parque.
21) Yo vivo ________ el centro de Bilbao que está ________ el norte de España.
22) ¿Dónde quieres pasar tus vacaciones? ¿________ la playa o ________ la montaña?
23) Los Sánchez tienen dos hijos que ya van ________ la universidad.
24) La casa está ________ un sitio muy tranquilo fuera ________ Madrid.
25) Pablo trabaja ________ una empresa ________ el centro de Madrid.
26) Salimos ________ Barcelona mañana ________ la mañana.
27) ¿Quieres venir con nosotros ________ la playa?
28) Las chicas viven ________ un apartamento muy pequeño.

Ejercicio 9-2 Preposiciones de lugar - Haced frases

yo			Sevilla
tú	ser	en	la oficina
Maria			la mesa
el libro			esta región
nosotros / as	estar	de	Madrid
vosotros / as			la fiesta
Maria y Pedro	ir		el colegio
ellas		a	México
Madrid	venir		España

Ejercicio 9-3 Preposiciones de tiempo

1) Estoy aquí (seit) ________ el 5 de enero.
2) La tienda está abierta ________ las cinco ________ las ocho.
3) Nos conocimos ________ el año 1994
4) Maria está enferma (seit) ________ una semana
5) No está aquí (zwischen) ________ la una y las dos
6) Salimos (gegen) ________ la siete
7) Partiré mañana ________ la tarde.
8) ________ la comida hacemos la siesta.
9) No vendrá (vor) ________ de las cinco.
10) Yo tengo tiempo (bis) ________ las dos.
11) Manuel y Ana quieren casarse ________ unos 6 meses.
12) ________ las dos y las tres la tienda está cerrada.
13) ¿________ hora se puede desayunar? ________ las 7 ________ las 10.
14) ¿Cuándo tenemos que salir ________ la habitación? ________ mediodía.
15) ¡Llámame ________ de partir!
16) Me siento muy mal ________ unos días.
17) Maria conoció su marido ________ 3 años.
18) ________ partir ________ mañana tenemos nuevos precios.
19) Voy a esperar ________ mediodía, pero después me voy.
20) Llegué ________ tres días y tengo que volver ________ casa mañana.
21) ¿Cuándo puede venir ________ mi casa? ________ las tres.
22) Todos los días trabajamos ________ las 8 ________ la mañana ________ las 5 ________ la tarde.

Ejercicio 9-4 a, en, de o con

1) Pablo trabaja ________ una empresa ________ ordenadores ________ el centro ________ Madrid.
2) Ana trabaja ________ un hospital ________ Vigo, que está ________ el norte ________ España.
3) Puedes invitar ________ los padres ________ Miguel ________ pasar algún tiempo ________ ellos.
4) Yo, una chica ________ 15 años, soy ________ Barcelona, pero ahora vivo ________ A Coruña. Si eres una chica ________ la misma edad, llámame y deja un mensaje ________ el móvil o escríbeme ________ la dirección C/Ribadeo, 3, 37478 Salamanca.
5) Estos regalos son realizados ________ mano ________ varios tamaños. El precio es ________ 6 ________ 12 euros.
6) ________ el niño que van ________ tener no van ________ caber ________ su pequeño piso ________ Madrid.
7) Me gusta mucho salir ________ mis amigos ________ noche. Nos vamos ________ la Plaza Mayor o ________ la Puerta del Sol. ________ veces vamos ________ una discoteca ________ el centro ________ Madrid.
8) ________ Madrid como ________ otras muchas ciudades ________ Europa, los cafés sirven ________ mucho más que ________ tomar una taza ________ café.
9) ________ Madrid, ________ la Casa de Campo, un parque enorme, hay también un parque ________ atracciones.
10) ________ una revista he leído un artículo ________ un escritor muy famoso.
11) Siempre voy ________ pensar ________ ti.
12) Mi abuelo vive ________ su hermana ________ una ciudad pequeña ________ norte ________ España.
13) Cuándo volveré ________ España, te llevaré algunas cosas típicas ________ este país: un abanico ________ Madrid y una botella ________ vino ________ la región ________ La Rioja.
14) Yo tomo un plato ________ jamón ________ melón, después un salmón ________ la crema y________ postre un flan ________ la casa.

Ejercicio 9-5 Preposiciones distintas– Buscad la preposición correcta

1) Los libros están ________ la mesa y no ________ la estantería.
2) ¿ ________ qué hora se puede desayunar?
3) Esperamos ________ alguien
4) Quisiera comer algo típico ________ aquí.
5) ¿Están incluidos ________ el precio las bebidas y el servicio?
6) Quiero ensalada ________ la carne.
7) Quiero el pescado ________ la parrilla.
8) Quiero verdura ________ el pescado.
9) Un poco más ________ pan, por favor.
10) Quiero una botella ________ vino.
11) La carta ________ vinos, por favor.
12) Quisiera hablar ________ el jefe.
13) Está reservada ________ partir ________ mañana.
14) Es la habitación 304 ________ la tercera planta.
15) Quiero un cuarto ________ litro ________ vino
16) Aquí tienen las llaves ________ su habitación.
17) ¿Puedo dejar algunas cosas ________ la caja fuerte?
18) ________ las siete ________ las once hay un buffet libre.
19) ¿ ________ qué hora se puede cenar?
20) Quiero un buen vino ________ la región
21) Quisiera una habitación individual ________ baño.
22) El desayuno es ________ partir ________ las siete.
23) Tenemos cheques ________ viaje.
24) Estoy ________ el último año ________ mis estudios.
25) Estoy particularmente interesado ________ realizar prácticas ________ su hotel.
26) Quedo ________ la espera ________ su atenta respuesta.
27) Van ________ tener una gran fiesta ________ celebrar el cumpleaños.
28) No me acostumbro ________ este clima.
29) No me acuerdo ________ su nombre.
30) Debe dejar ________ fumar.
31) Vamos ________ vernos ________ las ocho.

32) Me gusta jugar ________ tenis ________ él.

33) Voy ________ esperar ________ Mercedes aquí.

34) Conchita vive ________ La Habana, ________ un barrio cerca ________ puerto.

35) Nos conocimos ________ un restaurante.

36) La Costa Brava se extiende ________ la provincia ________ Barcelona________ la ________ Girona.

37) Es ciertamente una ________ las más famosas costas españolas

38) Esta ciudad es (seit) ________ milenios uno ________ los centros culturales ________ Europa.

39) Flamenco es la tradición folclórica ________ sur, ________ particular ________ Andalucía

40) ________ Abril se celebra la Feria ________ Abril ________ Sevilla

41) Otro espectáculo que atrae ________ millones ________ personas ________ un pequeño pueblo ________ la provincia ________ Huelva, es *El Rocío*.

42) La Semana Santa se celebra ________ España ________ variantes distintas, (je nach, gemäß) ________ el carácter y las tradiciones ________ cada zona.

43) Después vamos ________ la casa ________ Pepe ________ recogerlo.

44) Quiero ir ________ cine ________ ver la nueva película ________ Antonio Banderas.

45) Miguel va ________ viajar ________ África.

46) Después ________ la fiesta, mis amigos van ________ salir ________ España.

Ejercicio 9-6 Por - para

1) ¿Hay un buen restaurante ________ aquí cerca?
2) Quisiera reservar una mesa ________ esta noche
3) ¿Tiene(n) una mesa ________ dos personas?
4) El Señor Sánchez. ha reservado una mesa ________ mi.
5) ¿Qué tiene ________ comer?
6) Tráiganos un plato________ el niño. Por favor
7) Buenas tardes, quisiera una habitación ________ dos personas. ¿ ________ cuánto tiempo, señor? ________ dos semanas.
8) Tienen que dejar la habitación libre mañana ________ la mañana.

9) ¿Dónde está el salón ________ desayunar?

10) ¿Puedo enviar un mensaje ________ correo electrónico ________ su ordenador.

11) Hoy hace mal tiempo. ________ eso vamos a quedarnos en casa.

12) Me llamó ________ invitarme a su fiesta.

13) Esta mañana Mercedes me llamó ________ teléfono.

14) Voy a mandar esta carta ________ avión.

15) Yo vuelvo mañana ________ la mañana.

16) Después de la fiesta, mis amigos van a salir ________ España.

17) Estoy un poco preocupado ________ el examen de mañana.

18) Este regalo no es mío; es ______________ ti.

19) Después vamos a la casa de Pepe ________ recogerlo.

20) Quiero ir al cine ________ ver la nueva película de Antonio Banderas.

21) Miguel va a viajar ________ África.

22) He venido ________ mi abuela.

23) La universidad no cierra ________ vacaciones. Ofrece cursos de verano ________ estudiantes extranjeros.

10 La interrogación - Die Frage

☆ Ein **Fragesatz** wird im Spanischen schon am Anfang mit einem verkehrten Fragezeichen angezeigt.

¿qué?	was?	¿cuándo?	wann?
¿quién?	wer?	¿cuánto?	wieviel?
¿de quién?	von wem?	¿cuál?	welcher?
¿a quién?	wem? wen?	¿qué + Nomen?	was für ein? welcher?
¿cómo?	wie?	¿cuál de ..?	wer / welcher von...
¿dónde?	wo?	¿a qué?	wozu?
¿adónde?	wohin?	¿para qué?	wofür?
¿de dónde?	woher?	¿por qué?	warum?

☆ Alle **Interrogativpronomen** (Fragewörter) werden mit **Akzent** geschrieben und unterscheiden sich so von gleichlautenden Relativpronomen etc.
¿Qué es esto? – Was ist das. La película que veo ... – Der Film den ich sehe...

☆ *Qué* kann auch in Ausrufen stehen: *¡Qué lástima! – Wie schade!*

Ejercicio 10-1 Haced preguntas

Fragt nach den unterstrichenen Satzteilen.

1) Yo quiero reservar una habitación doble para una semana.

____

____

____

2) En Enero Maria va a viajar a Bolivia.

____

____

____

3) Las chicas dan sus tareas a la profesora.

____

____

____

4) Mañana Pedro quiere ver a su novia.

____

____

____

5) Este libro es de mi padre.

6) Me gusta esta chaqueta roja.

7) Las manzanas de mi abuela son muy buenas.

8) Carmen tiene 22 años.

9) La Paz está en Bolivia.

10) Hoy mi madre está muy bien.

11) Mi amiga es de Madrid.

12) Mercedes va a España por un curso de español.

11 La negacion - Die Verneinung

☆ Die **einfache Verneinung**
erfolgt durch ***no*** vor dem Verb und bedeutet *nicht* oder *kein*:
No fumo. – Ich rauche nicht. No tengo dinero. – Ich habe kein Geld.

☆ **Pronomen** stehen jedoch zwischen no und dem Verb
No te lo digo. – Ich sage es dir nicht.

☆ Die **doppelte Verneinung**
wird im Spanischen für nie, nichts etc. verwendet.

☆ ***Nadie, ninguno, nunca, tampoco, nada*** können auch vor dem Verb stehen, um besonders betont zu werden. Dann entfällt das ***no***.

no ... nada - nichts	*No digo nada. Ich sage nichts.*
no ... nadie - niemand	*No ha venido nadie.* *Nadie ha venido. Niemand ist gekommen.*
no .. ningun(o) niemand (von), keiner	*No tiene ningún libro. - Er hat kein Buch* *en ninguna parte - nirgends*
no .. nunca - nie	*No vienen nunca a tiempo. - Sie kommen nie rechtzeitig.* *Nunca te llamaré! - Ich werde dich nie anrufen*
no .. jamás - niemals	*Jamás me llamará. - Niemals wird er mich anrufen..*
no .. tampoco auch nicht	*Yo tampoco comprendo esto. - Ich verstehe das auch nicht.*
ya no - nicht mehr	*Ya no tengo tiempo. - Ich habe keine Zeit mehr.*
no .. todavía, no .. aún noch nicht	*Pablo no ha llegado todavía. - Pablo ist noch nicht gekommen.*
no .. ni / ni .. ni weder ... noch	*No estudio ni portugués ni francés. - Ich lerne weder Portugiesisch noch Französisch.*
ni .. siquiera nicht einmal	*No ha invitado ni siquiera sus mejores amigos.- Er hat nicht einmal seine besten Freunde eingeladen.*
no .. del todo überhaupt nicht	*Esta camisa no me gusta del todo.* *- Dieses Hemd gefällt mir überhaupt nicht.*

Ejercicio 11-1 Contestad con la forma negativa

1) Yo no estuve en Bolivia. ¿Y tú? (auch nicht)

____

2) ¿Tienes tiempo todavía? (nicht mehr) ____________________

3) ¿Has llamado a alguien? (niemanden) ____________________

4) ¿Coméis algo? (nichts) ____________________

5) ¿Ya has ido a Barcelona? (noch nicht) ____________________

6) ¿Comprendéis algo? (nichts) ____________________

7) ¿Hay todavía una habitación individual? (nicht einmal eines)

____

8) ¿Conoces ya la nueva película de Antonio Banderas? (noch nicht)

____

9) ¿Me puede ayudar alguien? (niemand) _______________

10) ¿Has olvidado algo? (nichts) _______________

11) ¿Ya estás en la cama? (noch nicht) _______________

12) ¿Os levantáis siempre a las siete? (nie)

____

13) ¿Tenéis muchos cuadros? (keines) _______________

14) ¿Maria y Franco ya se han visto? (noch nicht)

____

15) ¿Quieres estudiar más? (nicht mehr) _______________

16) ¿Estudiáis alemán o francés? (weder-noch)

____

17) ¿A quién has llamado? (niemanden) _______________

18) ¿Estuvo en Argentina? (nie) _______________

19) ¿A quién vas a visitar mañana? (niemanden)

____

20) ¿Te gusta esta ropa? (überhaupt nicht) _______________

21) ¿Quieres algo a beber? (nichts) _______________

22) ¿Quién te ha contestado? (niemand) _______________

23) ¿Cuando viajas tomas siempre el avión? (nie)

____

24) Ya habéis vuelto de Francia? (noch nicht) _______________

25) ¿Pedro siempre escribe muchas cartas? (nie) _______________

26) ¿Tu hermana trabaja mucho? (überhaupt nicht)

____

27) ¿Has comprado un buen libro? (keines) _______________

28) ¿Sabes italiano o francés? (weder-noch) _______________

29) ¿Has visto el libro? (nirgends) _______________

30) ¿Llegan siempre tarde? (nie) _______________

31) ¿Vas a ver tus padres? (niemanden) _______________

32) ¿Clara estuvo en Italia muchas veces? (nie) _______________

12 Números y otro - Zahlen und anderes

12.1 Los números cardinales - Die Grundzahlen

0	cero	13	trece	26	veintiséis	101	ciento uno
1	**uno/a**	14	catorce	27	veintisiete	**200**	**doscientos / as**
2	dos	15	quince	28	veintiocho	300	trescientos / as
3	tres	16	dieciséis	29	veintinueve	400	cuatrocientos / as
4	cuatro	17	diecisiete	30	treinta	**500**	**quinientos / as**
5	cinco	18	dieciocho	31	treinta y uno	600	seiscientos / as
6	seis	19	diecinueve	40	cuarenta	700	**setecientos / as**
7	siete	20	veinte	50	cincuenta	800	ochocientos / as
8	ocho	21	veintiuno	60	sesenta	900	**novecientos / as**
9	nueve	22	veintidós	70	**setenta**	1000	mil
10	diez	23	veintitrés	80	ochenta	1001	mil uno
11	once	24	veinticuatro	90	**noventa**	**1500**	**mil quinientos**
12	doce	25	veinticinco	100	cien (ciento)	1 Millón	un millón (de)
						2 Mio.	dos millones de

- ☆ **Mehrstellige** Zahlen ab ***31*** werden getrennt geschrieben
- ☆ ***100 ciento*** steht, wenn danach kleinere Zahlen kommen: *ciento dos - 102*
  cien steht in allen andern Fällen: *cien mil-100000, cien libros 100 Bücher*
- ☆ ***500*** hat eine Sonderform ***quinientos***
- ☆ **übereingestimmt** werden: ***uno, una*** und Zusammensetzungen,
  Hunterterzahlen ab ***200*** *cuatrocientas casas – 400 Häuser*
- ☆ Nach ***un millón*** steht ***de:*** *un millón de libros – 1 Mio. Bücher*
- ☆ **Jahreszahlen** werden im Gegensatz zum Deutschen wie normale Zahlen genannt: *1996 – mil novecientos noventa y seis*
- ☆ Für das **Alter** wird das Verb tener verwendet. *Tengo 37 años. – Ich bin 37 Jahre*
- ☆ Das **Datum** wird, außer beim *1. - primero*, mit Grundzahlen angegeben:
  Hoy es el doce de abril. Heute ist der 12. (wörtlich zwölf) April.
- ☆ **Grundzahlen** werden ab 11 statt **Ordnungszahlen** verwendet.
  en el siglo dieciocho – im 18. Jahrhundert

Ejercicio 12-1 Los números - crucigramas

A											
Horizontal								Vertical			
1	**12**	11	**65**	22	**17**	31	**5**	1	**10**	19	**70**
2	**15**	12	**61**	23	**1**	33	**25**	3	**90**	20	**16**
5	**49**	13	**33**	24	**38**	34	**13**	4	**19**	25	**11**
6	**18**	15	**30**	26	**4**	36	**73**	5	**57**	27	**20**
7	**40**	16	**6**	28	**7**	37	**2**	9	**82**	32	**8**
8	**44**	17	**80**	29	**14**	38	**3**	14	**9**	35	**100**
10	**50**	21	**52**	30	**60**	39	**76**	18	**89**		

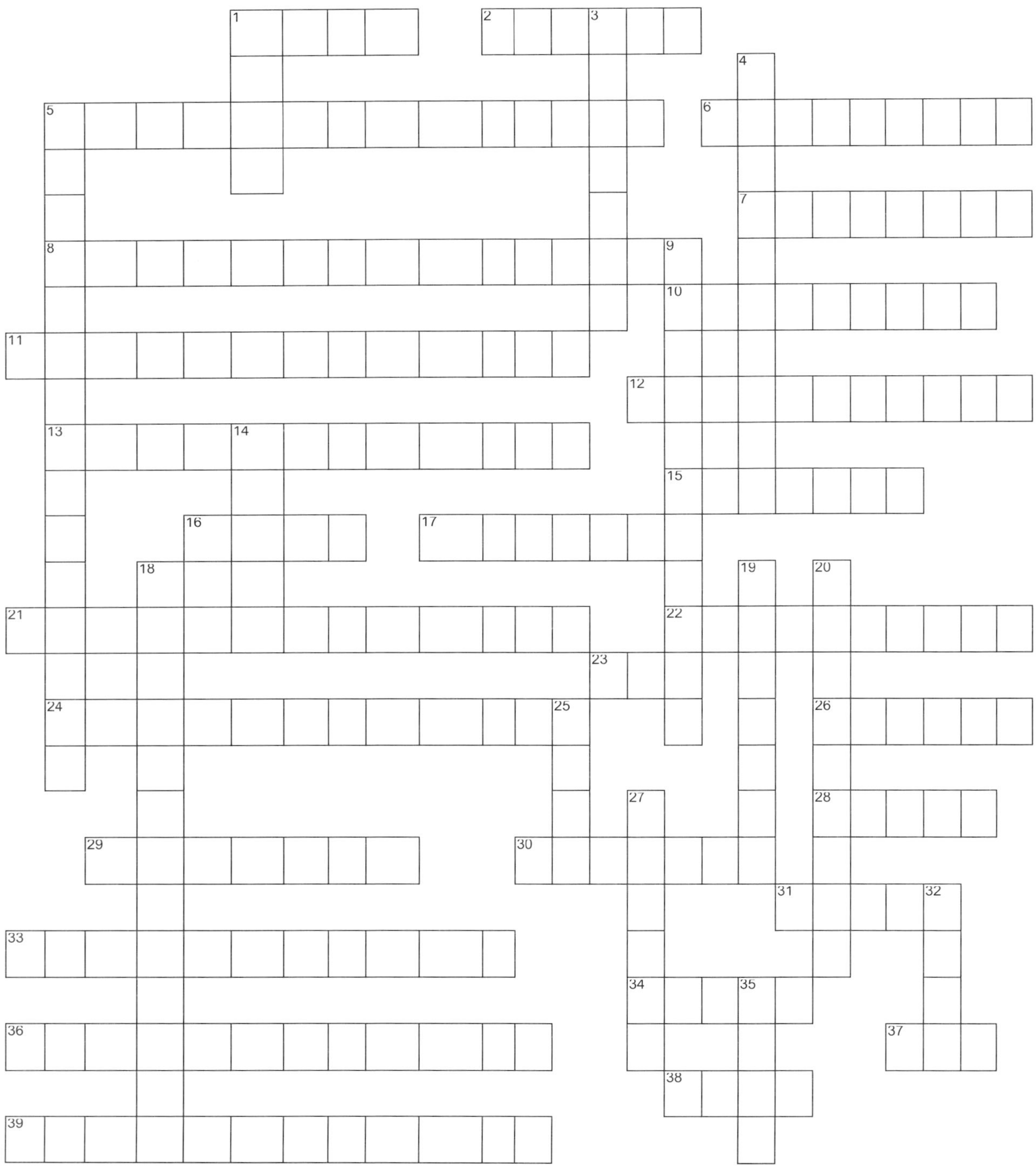

B		
Horizontal		Vertical
1 **1999**	11 **400**	1 **1.550**
3 **900**	12 **800**	2 **700**
5 **200**	13 **1.000.000**	4 **240**
6 **150**	14 **300**	8 **14.000**
7 **500**	15 **1.000**	9 **114**
8 **100.000**	16 **600**	
10 **700.090**		

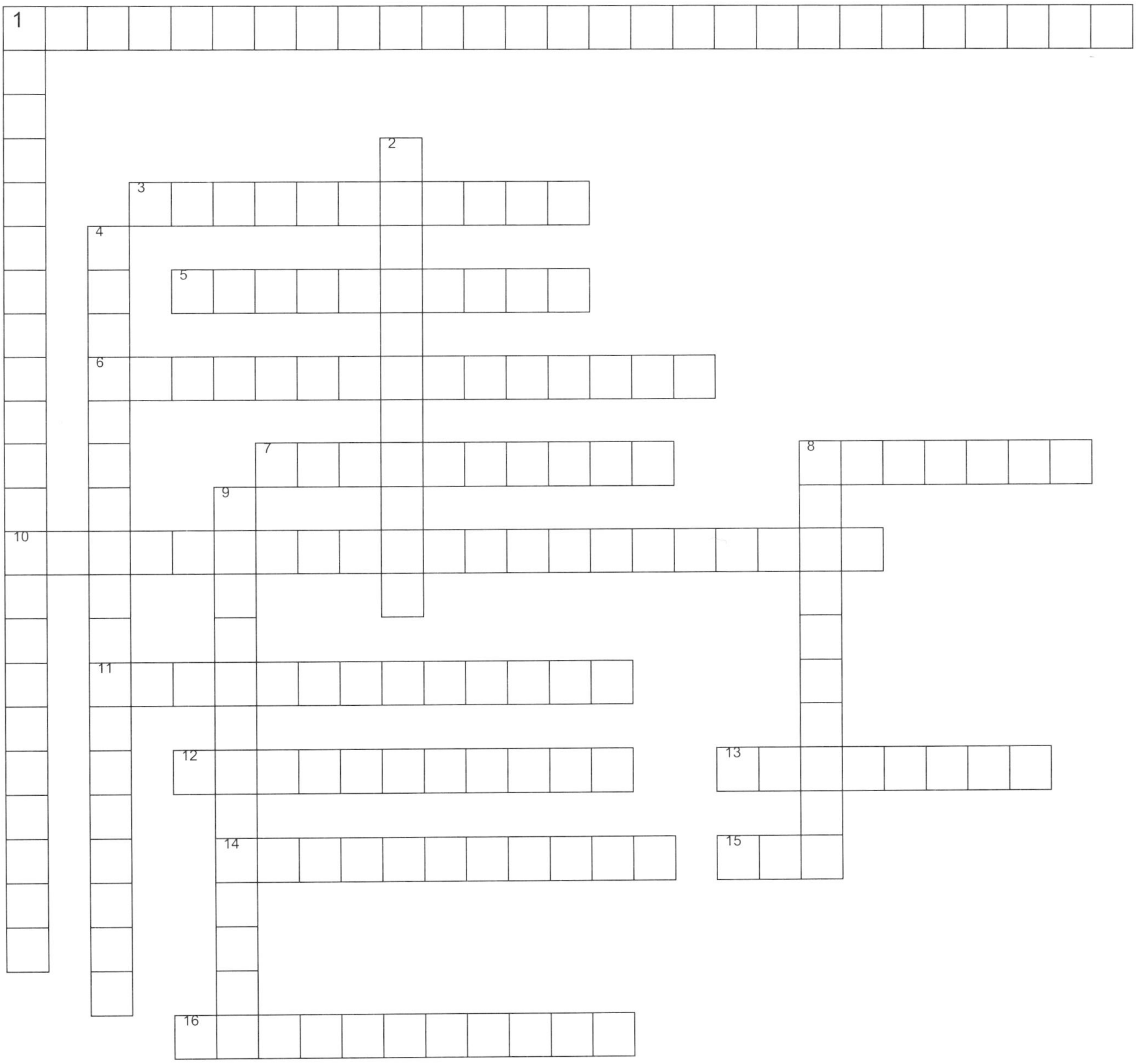

Ejercicio 12-2 Números de teléfono

Gebt an, welche Telefonnummer die einzelnen Personen haben.

1) Mercedes – 988 32 15 16 20 ______________________
2) Carmen – 901 51 26 58 24 ______________________
3) Pedro – 986 21 54 75 94 ______________________
4) Pablo – 938 45 84 34 41 ______________________
5) Juan – 902 41 24 28 12 ______________________
6) Ana – 914 916 61 25 13 11 ______________________
7) Maria – 913 21 54 78 62 ______________________
8) Inés – 915 85 41 23 65 ______________________
9) Fernando – 952 42 58 31 21 ______________________
10) Juanita – 983 84 21 65 14 ______________________

Ejercicio 12-3 Precios

☆ Nach dem **Preis** fragt man mit ***¿Cuánto es? oder ¿Cuánto vale?***

☆ Die **Währung** steht im Spanischen immer nach der **ganzen** Zahl. **Kommastellen** werden mit ***con*** wiedergegeben:
2,50 € - Dos euros con cincuenta (céntimos)

☆ Das Verb ***costar*** (Gruppe ue) wird in der 3. Person Singular oder Plural verwendet:
La blusa cuesta 30 €. Die Bluse kostet 30 €
Las manzanas cuestan 2 € el kilo. Die Äpfel kosten 2 € pro Kilogramm.

Gebt für die einzelnen Waren den Preis an und verwendet *cuesta* oder *cuestan.*

1) chaqueta 32,50 € ______________________
2) melocotones 2,40 € ______________________
3) camisa 29,90 €______________________
4) pantalones 43,70€ ______________________
5) patatas 1,20 €______________________
6) falda 57,80 € ______________________
7) peras 2,60 € ______________________
8) jamón 3,10 € ______________________
9) leche 0,75 € ______________________
10) pan 2,15 € ______________________

12.2 Los números ordinales - Die Ordnungszahlen

☆ Die **Ordnungszahlen** verhalten sich wie Adjektive und werden mit dem Substantiv, vor dem sie stehen **übereingestimmt**. *la segunda calle – die 2. Straße*

1°	primero	8°	octavo	15°	decimoquinto
2°	segundo	9°	noveno	16°	decimosexto
3°	tercero	10°	décimo	17°	decimoséptimo
4°	cuarto	11°	undécimo	18°	decimoctavo
5°	quinto	12°	duodécimo	19°	decimonoveno
6°	sexto	13°	decimotercero	20°	vigésimo
7°	séptimo	14°	decimocuarto	21°	vigésimo primero

☆ ***primero*** und ***tercero*** werden vor männlichen Substantiven verkürzt. Die Zahl erhält ein hochgestelltes r: *el 3^r piso – der 3. Stock*

☆ Die **Ordnungszahlen** werden meist nur bis 10° - décimo verwendet. Höhere Ordnungszahlen werden durch **Grundzahlen** wiedergegeben.

☆ Bei **Herrschern** oder **Jahrhunderten** werden die Ordnungszahlen als **römische Zahlen** nach dem Namen angegeben.
Carlos VI (Sexto) – Karl VI, el siglo XIX (diecinueve) – das 19. Jahrhundert

☆ Beim **Datum** wird nur der erste jeden Monats als Ordnungszahl angegeben. Für die anderen Tage verwendet man Grundzahlen:
el primero de enero (1. Jänner), el dos de julio (2. Juli)

Ejercicio 12-4 Números ordinales

1) Tienes que tomar la 3° ______________________ calle a la izquierda
2) Carmen sigue el 2° ______________________ curso de español.
3) Juan vive en el 6° ______________________ piso
4) Eso es el 1° ______________________ libro de Juanita.
5) Agosto es el ______________________ mes del año.
6) El arquitecto construye su 4° ______________________ casa.
7) Enero es ______________________ mes del año.
8) Me preguntas lo mismo ya la 2°______________________ vez.
9) Mayo es el ______________________ mes del año.
10) Lunes es el ______________________ día de la semana.

12.3 Hora y fecha - Uhrzeit und Datum

★ Hora - Uhrzeit

- ☆ Bis 30 Minuten werden bei der Uhrzeit Minuten, Viertel- und halbe Stunde mit ***y*** dazugezählt. *Son las seis y cinco (6:05) / y cuarto (6:15)*
- ☆ Danach wird von der nächsten vollen Stunde mit ***menos*** abgezogen. *Son las siete menos cuarto (6:45) / menos diez (6:50)*

¿Qué hora es?	Wie spät ist es?
Es la una.	Es ist 1 Uhr.
Son las dos	Es ist 2 Uhr
Son las dos y cuarto.	Es ist Viertel nach 2 Uhr (viertel 3)
Es la una y media.	Es ist halb zwei.
Son las cuatro menos cuarto.	Es ist Viertel vor 4 (dreiviertel 4)
Son las ocho de la mañana.	Es ist 8 Uhr morgens
A qué hora?	Wann? Um wieviel Uhr?
a mediodía	zu Mittag
a medianoche	um Mitternacht
a las tres	um 3 Uhr

★ Fecha - Datum

- ☆ Nach dem heutigen Datum fragt man mit: *¿Qué día es hoy? ¿A qué día estamos hoy? ¿A cuántos estamos?*
- ☆ Außer dem 1. (el primero) jeden Monats werden nur **Grundzahlen** verwendet: *el primero de abril (1. April), el dos de abril (2. April)*
- ☆ Zwischen Tag, Monat und Jahr steht jeweils die Präposition ***de*** *el dos de abril de 1996*
- ☆ **Jahreszahlen** werden im Gegensatz zum Deutschen wie normale Zahlen genannt *en 1996 (mil novecientos noventa y seis)- (im Jahr) 1996*

Los días de la semana	**Die Wochentage**	**Los meses**	**Die Monate**
lunes	Montag	enero	Jänner
martes	Dienstag	febrero	Feber
miércoles	Mittwoch	marzo	März
jueves	Donnerstag	abril	April
viernes	Freitag	mayo	Mai
sábado	Samstag	junio	Juni
domingo	Sonntag	julio	Juli
Las estaciones	**Die Jahreszeiten**	agosto	August
primavera	Frühling	septiembre	September
verano	Sommer	octubre	Oktober
otoño	Herbst	noviembre	November
invierno	Winter	diciembre	Dezember

★ Weitere nützliche Zeitangaben

de la tarde	nachmittags / abends.
de la noche	nachts
Son las tres de la madrugada.	Es ist drei Uhr morgens.
por la mañana	am Vormittag
por la tarde (bis 20 Uhr)	am Nachmittag
por la noche (ab 20 Uhr)	am Abend
desde las ocho hasta las nueve	von 8 bis 9 Uhr
hacia las 10 / sobre las diez	gegen 10
Es hora de ...	Es ist Zeit zu ...
temprano	früh
tarde	spät
Es de día.	Es ist Tag / hell.
Es de noche.	Es ist Nacht / dunkel.
esta mañana	heute morgen / morgen früh
esta tarde	heute Abend / heute Nacht
después de las ocho	nach 8 Uhr
no antes de las nueve	nicht vor 9
¿Cuánto tiempo?	Wie lange?
(durante) dos horas	zwei Stunden lang
hasta las cinco	bis 5 Uhr
¿Desde cuándo?	Seit wann?
desde las ocho	seit 8
desde hace media hora	seit einer halben Stunde
cada dos días	alle zwei Tage
pronto	bald
ahora	jetzt
ayer	gestern
hoy	heute
mañana	morgen
anteayer	vorgestern
pasado mañana	übermorgen
el año que viene	nächstes Jahr
esta semana	diese Woche
la semana pasada	letzte Woche
a veces, algunas veces	manchmal
el fin de semana	am Wochenende
hace dos días	vor zwei Tagen
de vez en cuando	von Zeit zu Zeit
a tiempo	rechtzeitig
puntual, a la hora	pünktlich
retraso, tardío	verspätet

Ejercicio 12-5 La hora

1) 10:45 ____________________
2) 12:30 ____________________
3) 17:50 ____________________
4) 01:15 ____________________
5) 11:10 ____________________
6) 14:05 ____________________
7) 12:45 ____________________
8) 11:50 ____________________
9) 14:15 ____________________
10) 03:20 ____________________
11) 07:30 ____________________
12) 17:55 ____________________

Ejercicio 12-6 La fecha

1) Donnerstag, 25. Juni 1942 ____________________
2) Montag, 7. Mai 1834 ____________________
3) Freitag, 13. Oktober 2002 ____________________
4) Dienstag, 17. Juli 1765 ____________________
5) Samstag, 31. Jänner 2003 ____________________
6) Mittwoch, 9. April 1982 ____________________
7) Sonntag, 1. Feber1997 ____________________
8) Samstag, 24. November 1979 ____________________
9) Dienstag, 12. Feber 1492 ____________________
10) Mittwoch, 5. Jänner 1587 ____________________
11) Freitag, 31. März 1943 ____________________
12) Sonntag, 18. Juli 1899 ____________________
13) Montag, 26. Mai 1957 ____________________
14) Donnerstag, 7. Juni 1964 ____________________

Ejercicio 12-7 Horário de tren - Contestad

TREN	SALIDA	LLEGADA	PRECIO (EURO)	
Garcia Lorca	09:48	11:05	Turista	14,50
			Niño	8,70
Andalucía Expres	11:10	13:33	Turista	13,80
			Niño	7,90

1) ¿Cuándo sale y cuándo llega el tren Garcia Lorca? ____________________
2) ¿Cuándo sale y cuándo llega el tren Andalucía Expres? ____________________
3) ¿Cuánto pagan los niños? ____________________
4) ¿Cuánto pagan los turistas? ____________________
5) ¿Cuánto tiempo tardan los trenes? ____________________

13 Ejercicios Tandem - Partnerübungen

13.1 Instrucciones - Anweisungen

Ejercicios tandem sind mündliche Übungen für zwei Partner, die immer abwechselnd bestimmte Aufgaben durchführen und sich gegenseitig korrigieren. Diese Form der mündlichen Übung eignet sich sehr gut für alle Gesprächssituationen, Dialoge etc., aber natürlich auch für Grammatik.
Im traditionellen Unterricht werden Grammatikübungen meist so verbessert, dass immer nur ein Schüler zu Wort kommt und die anderen zuhören oder die richtigen Lösungen von der Tafel abgeschrieben werden. Durch den Einsatz dieser Tandemübungen können die Schüler zu zweit arbeiten und viele, die vor der ganzen Klasse kaum sprechen wollen, verlieren so eher die Scheu davor.
Die folgenden Übungen sind so aufgebaut, dass ein Partner immer die Lösung des anderen vor sich hat (außer die Übungen *Un día típico* und *Agenda*) und ihm helfen oder ihn korrigieren kann.

☆ **Übungen zu Verbformen**

Estudiante A nennt die fehlenden Formen der ersten Zeile (im folgenden Beispiel *hablo, habla und habláis*).

Estudiante B hat die Lösung und korrigiert ihn, falls notwendig. Nun nennt er die Verben, die auf seinem Blatt in der ersten Zeile fehlen (hier *hablas, hablamos und hablan*) und estutiante A überprüft, ob es richtig ist.

So gehen die Schüler dann Zeile für Zeile das Blatt durch.

Estudiante A:

Infinitivo	**yo**	**tú**	**él, ella, usted**	**nosotros**	**vosotros**	**ellos, ellas,ustedes**
hablar		hablas		hablamos		hablan
lavar	lavo		lava		laváis	

Estudiante B:

Infinitivo	**yo**	**tú**	**él, ella, usted**	**nosotros**	**vosotros**	**ellos, ellas,ustedes**
hablar	hablo		habla		habláis	
lavar		lavas		lavamos		lavan

Ejercicio 13-1 Presente regular

Presente regular - Estudiante A

Infinitivo	yo	tú	él, ella, usted	nosotros	vosotros	ellos, ellas, ustedes
hablar		hablas		hablamos		hablan
lavar	lavo		lava		laváis	
pasar		pasas		pasamos		pasan
acabar	acabo		acaba		acabáis	
preguntar		preguntas		preguntamos		preguntan
visitar	visito		visita		visitáis	
invitar		invitas		invitamos		invitan
abrir	abro		abre		abrís	
tomar		tomas		tomamos		toman
trabajar	trabajo		trabaja		trabajáis	
vivir		vives		vivimos		viven
bailar	bailo		baila		bailáis	
comer		comes		comemos		comen
vender	vendo		vende		vendéis	
beber		bebes		bebemos		beben
comprender	comprendo		comprende		comprendéis	
correr		corres		corremos		corren
responder	respondo		responde		respondéis	
deber		debes		debemos		deben

Presente regular - Estudiante B

Infinitivo	yo	tú	él, ella, usted	nosotros	vosotros	ellos, ellas,ustedes
hablar	hablo		habla		habláis	
lavar		lavas		lavamos		lavan
pasar	paso		pasa		pasáis	
acabar		acabas		acabamos		acaban
preguntar	pregunto		pregunta		preguntáis	
visitar		visitas		visitamos		visitan
invitar	invito		invita		invitáis	
abrir		abres		abrimos		abren
tomar	tomo		toma		tomáis	
trabajar		trabajas		trabajamos		trabajan
vivir	vivo		vive		vivís	
bailar		bailas		bailamos		bailan
comer	como		come		coméis	
vender		vendes		vendemos		venden
beber	bebo		bebe		bebéis	
comprender		comprendes		comprendemos		comprenden
correr	corro		corre		corréis	
responder		respondes		respondemos		responden
deber	debo		debe		debéis	

Ejercicio 13-2 Presente irregular

Presente irregular - Estudiante A

yo	tú	él/ella/ud	nosotros	vosotros	ellos/ellas/uds
	das		damos		dan
digo		dice		decís	
	estás		estamos		están
he		ha		habéis	
	haces		hacemos		hacen
voy		va		vais	
	oyes		oímos		oyen
pongo		pone		ponéis	
	sabes		sabemos		saben
salgo		sale		salís	
	eres		somos		son
tengo		tiene		tenéis	
	traes		traemos		traen
vengo		viene		venís	
	ves		vemos		ven

Presente irregular - Estudiante B

yo	tú	él/ella/ud	nosotros	vosotros	ellos/ellas/uds
doy		da		dais	
	dices		decimos		dicen
estoy		está		estáis	
	has		hemos		han
hago		hace		hacéis	
	vas		vamos		van
oigo		oye		oís	
	pones		ponemos		ponen
sé		sabe		sabéis	
	sales		salimos		salen
soy		es		sois	
	tienes		tenemos		tienen
traigo		trae		traéis	
	vienes		venimos		vienen
veo		ve		veis	

Ejercicio 13-3 Presente particular

Presente particular - Estudiante A

yo	tú	él/ella/ud	nosotros	vosotros	ellos/ellas/uds
	piensas		pensamos		piensan
entiendo		entiende		entendéis	
	quieres		queremos		quieren
empiezo		empieza		empezáis	
	cierras		cerramos		cierran
pierdo		pierde		perdéis	
	sientes		sentimos		sienten
prefiero		prefiere		preferís	
	sientas		sentamos		sientan
cuento		cuenta		contáis	
	cuestas		costamos		cuestan
muestro		muestra		mostráis	
	pruebas		probamos		prueban
encuentro		encuentra		encontráis	
	vuelves		volvemos		vuelven
duermo		duerme		dormís	
	vuelas		volamos		vuelan
juego		juega		jugáis	
	pides		pedimos		piden
sigo		sigue		seguís	
	repites		repetimos		repiten
me visto		se viste		os vestís	
	ríes		reímos		ríen
sirvo		sirve		servís	
	conoces		conocemos		conocen
permanezco		permanece		permanecéis	
	creces		crecemos		crecen
construyo		construye		construís	

Presente particular – Estudiante B

yo	tú	él/ella/ud	nosotros	vosotros	ellos/ellas/uds
pienso		piensa		pensáis	
	entiendes		entendemos		entienden
quiero		quiere		queréis	
	empiezas		empezamos		empiezan
cierro		cierra		cerráis	
	pierdes		perdemos		pierden
siento		siente		sentís	
	prefieres		preferimos		prefieren
siento		sienta		sentáis	
	cuentas		contamos		cuentan
cuesto		cuesta		costáis	
	muestras		mostramos		muestran
pruebo		prueba		probáis	
	encuentras		encontramos		encuentran
vuelvo		vuelve		volvéis	
	duermes		dormimos		duermen
vuelo		vuela		voláis	
	juegas		jugamos		juegan
pido		pide		pedís	
	sigues		seguimos		siguen
repito		repite		repetís	
	te vistes		nos vestimos		se visten
río		ríe		reís	
	sirves		servimos		sirven
conozco		conoce		conocéis	
	permaneces		permanecemos		permanecen
crezco		crece		crecéis	
	construyes		construimos		construyen

Ejercicio 13-4 Indefinido regular

Indefinido regular - Estudiante A

yo	tú	él/ella/ud	nosotros	vosotros	ellos/ellas/uds
	lavaste		lavamos		lavaron
pasé		pasó		pasasteis	
	acabaste		acabamos		acabaron
pregunté		preguntó		preguntasteis	
	visitaste		visitamos		visitaron
invité		invitó		invitasteis	
	cantaste		cantamos		cantaron
tomé		tomó		tomasteis	
	trabajaste		trabajamos		trabajaron
estudié		estudió		estudiasteis	
	bailaste		bailamos		bailaron
llamé		llamó		llamasteis	
	vendiste		vendimos		vendieron
bebí		bebió		bebisteis	
	comprendiste		comprendimos		comprendieron
corrí		corrió		corristeis	
	respondiste		respondimos		respondieron
abrí		abrió		abristeis	
	discutiste		discutimos		discutieron
subí		subió		subisteis	

Indefinido regular – Estudiante B

yo	tú	él/ella/ud	nosotros	vosotros	ellos/ellas/uds
lavé		lavó		lavasteis	
	pasaste		pasamos		pasaron
acabé		acabó		acabasteis	
	preguntaste		preguntamos		preguntaron
visité		visitó		visitasteis	
	invitaste		invitamos		invitaron
canté		cantó		cantasteis	
	tomaste		tomamos		tomaron
trabajé		trabajó		trabajasteis	
	estudiaste		estudiamos		estudiaron
bailé		bailó		bailasteis	
	llamaste		llamamos		llamaron
vendí		vendió		vendisteis	
	bebiste		bebimos		bebieron
comprendí		comprendió		comprendisteis	
	corriste		corrimos		corrieron
respondí		respondió		respondisteis	
	abriste		abrimos		abrieron
discutí		discutió		discutisteis	
	subiste		subimos		subieron

Ejercicio 13-5 Indefinido irregular

Indefinido irregular - Estudiante A

Infinitivo	yo	tú	él/ella/ud	nosotros	vosotros	ellos/ellas/uds
decir	dije		dijo		dijisteis	
estar		estuviste		estuvimos		estuvieron
tener	tuve		tuvo		tuvisteis	
hacer		hiciste		hicimos		hicieron
venir	vine		vino		vinisteis	
querer		quisiste		quisimos		quisieron
poder	pude		pudo		pudisteis	
ir / ser		fuiste		fuimos		fueron
dar	di		dio		disteis	
traducir		tradujiste		tradujimos		tradujeron
poner	puse		puso		pusisteis	
traer		trajiste		trajimos		trajeron
dormir	dormí		durmió		dormisteis	
pedir		pediste		pedimos		pidieron
oír	oí		oyó		oísteis	
sentir		sentiste		sentimos		sintieron
elegir	elegí		eligió		elegisteis	

Indefinido irregular - Estudiante B

Infinitivo	yo	tú	él/ella/ud	nosotros	vosotros	ellos/ellas/uds
decir		dijiste		dijimos		dijeron
estar	estuve		estuvo		estuvisteis	
tener		tuviste		tuvimos		tuvieron
hacer	hice		hizo		hicisteis	
venir		viniste		vinimos		vinieron
querer	quise		quiso		quisisteis	
poder		pudiste		pudimos		pudieron
ir / ser	fui		fue		fuisteis	
dar		diste		dimos		dieron
traducir	traduje		tradujo		tradujisteis	
poner		pusiste		pusimos		pusieron
traer	traje		trajo		trajisteis	
dormir		dormiste		dormimos		durmieron
pedir	pedí		pidió		pedisteis	
oír		oíste		oímos		oyeron
sentir	sentí		sintió		sentisteis	
elegir		elegiste		elegimos		eligieron

Ejercicio 13-6 Imperativo

Imperativo - Estudiante A

Infinitivo	tú	usted	nosotros	vosotros	ustedes
	sé		seamos		sean
salir		salga		salid	
	trae		traigamos		traigan
estar		esté		estad	
	ven		vengamos		vengan
poner		ponga		poned	
	ven		vayamos /vamos		vayan
decir		diga		decid	
	da		demos		den
hacer		haga		haced	
	sabe		sepamos		sepan
tener		tenga		tened	
	ve		veamos		vean
haber		haya		habed	
	oye		oigamos		oigan
pensar		piense		pensad	
	entiende		entendíamos		entiendan
querer		quiera		quered	
	empieza		empecemos		empiecen
cerrar		cierre		cerrad	
	pierde		perdamos		pierdan
vestirse		vístase		vestios	
	ríe		riamos		rían
servir		sirva		servid	
	conoce		conozcamos		conozcan

Imperativo - Estudiante B

Infinitivo	tu	usted	nosotros	vosotros	ustedes
ser		sea		sed	
	sal		salgamos		salgan
traer		traiga		traed	
	está		estemos		estén
venir		venga		venid	
	pon		pongamos		pongan
ir		vaya		id	
	di		digamos		digan
dar		dé		dad	
	haz		hagamos		hagan
saber		sepa		sabed	
	ten		tengamos		tengan
ver		vea		ved	
	he		hayamos		hayan
oír		oiga		oíd	
	piensa		pensemos		piensen
entender		entienda		entended	
	quiere		queramos		quieran
empezar		empiece		empezad	
	cierra		cerremos		cierren
perder		pierda		perded	
	vístete		vistámonos		vístanse
reír		ría		reíd	
	sirve		sirvamos		sirvan
conocer		conozca		conoced	

Ejercicio 13-7 Un día típico

1) **Estudiante A** erzählt, wie ein **typischer Tag** unter der Woche aussieht (1. Person) und **Estudiante B** macht sich auf seinem Blatt **Notizen**. Danach erzählt **Estudiante B** von seinem Tag und **Estudiante A** macht Notizen.
2) Dasselbe wird nun für ein **typisches Wochenende** durchgespielt.
3) Nun erzählt **Estudiante A** anhand seiner **Notizen**, was **Estudiante B** an einem typischen Tag macht (3. Person). Dieser muss, falls notwendig korrigieren.
4) Dasselbe wird auch für das Wochenende durchgespielt

Un día típico - Estudiante A

	A		B	
Hora	**semana**	**fin de semana**	**semana**	**fin de semana**
07:00	levantarse desayunar			
07:30	ducharse vestirse			
09:00	comenzar trabajar			
10:00		levantarse		
11:00		deporte - tenis o piscina		
12:00				
13:00	pausa	ducharse		
14:00		comida		
14:30	tapas	siesta		
16:00				
17:00		encontrar amigos		
18:30	fin de trabajo			
19:00	hacer compras	salir o leer o piano		
21:00	cena familia casa o colegas restaurante			
22:00		cena familia / amigos		

Un día típico – Estudiante B

	B		A	
Hora	**semana**	**fin de semana**	**semana**	**fin de semana**
06:30	levantarse ducharse			
07:00	vestirse desayunar			
07:20	irse - autobús			
08:00	colegio			
11:00		levantarse - ducharse		
12:00		desayunar		
13:00 - 14:00	recreación - comer - comedor - colegio			
14:30		comida - familia		
16:00		parque o deporte - verano piscina		
17:00	fin de clases			
17:30	volver casa autobús			
19:00	cena familia	salir amigos - cine o tapas o centro		
20:00	estudiar			
21:00		bailar		

Ejercicio 13-8 Agenda

VarianteA: Die beiden Partner möchten etwas gemeinsam unternehmen und versuchen eine Verabredung zu treffen. Sie fragen sich gegenseitig, ob sie zu einem bestimmten Termin Zeit haben, erklären, warum nicht, schlagen einen anderen Termin vor etc.

VarianteB: Die beiden Partner erzählen immer abwechselnd, was sie

- ☆ in dieser Woche machen (Presente) oder gemacht haben (Perfecto)
- ☆ vorige Woche gemacht haben (Indefinido)
- ☆ nächste Woche machen werden. (Futuro)

Agenda - Estudiante A

Hora	Lunes	Martes	Miércoles	Jueves	Viernes	Sábado	Domingo
09:00							
10:00	cliente A	reunión jefe			trabajo oficina cartas		
11:00			cliente C				deporte
12:00							
13:00					pausa		
14:00	comida cliente B					comer	
15:00			libre compras o descansarse			siesta	escuchar música o leer o descansarse
16:00				reunión empresa	cliente		
17:00							
18:00							
19:00	fin de trabajo					ir al cine	
20:00							
21:00			cena Maria	cena colegas		bailar	
22:00							
23:00							

Agenda – Estudiante B

Hora	Lunes	Martes	Miércoles	Jueves	Viernes	Sábado	Domingo
09:00		reunión empresa		viaje negocios	viaje negocios		
10:00						compras	
11:00						quehaceres domésticos	levantarse tarde
12:00							
13:00	comer Carmen						
14:00							
15:00		trabajos importantes oficina				almuerzo casa	
16:00			tapas colegas			siesta	siesta
17:00							
18:00			fin trabajo			salir-tapas	
19:00							salir, cine, parque
20:00	fin de trabajo		curso de baile		curse de baile		
21:00						cena Pablo	cena amigos
22:00						bailar	
23:00							

Ejercicio 13-9 España en números

Estudiante A beginnt, indem er aus den fett gedruckten Stichwörtern einen ganzen Satz bildet. **Estudiante B** korrigiert wenn notwendig und setzt mit dem zweiten Punkt fort.

España en números - Estudiante A

España 17 comunidades autónomas 3.200.000 habitantes , superficie 504.782 km²
Las ciudades más grandes son la capital Madrid con tres millones doscientos de habitantes , Barcelona con un millón quinientos de habitantes y Valencia con setecientos cincuenta y tres habitantes.
España 3904 km costas más de 2000 playas: costa cantábrica 867 km, costa atlántica 1367 km, costa mediterránea 1670 km.
Las islas principales son Las Canarias con siete mil cuatrocientos cuarenta y siete km² y las Baleares con cuatro mil novecientos noventa y dos km².
picos (montes) + altos Pico del Teide (Tenerife) 3719 m, Mulhacén (Sierra Nevada) 3478 m, Alcazaba (Sierra Nevada) 3392 m.
Los ríos principales son el Tajo con mil siete km (setecientos noventa en España), el Ebro con novecientos diez km y la Guadana con setecientos setenta y ocho km.
España 4 lenguas oficiales: castellano (español), catalán, gallego, vasco.
En el mundo hay unos cuatrocientos millones de personas que hablan español.
lengua oficial 21 países 4 continentes (Europa, América, África y Asia).
En otros veintiún países donde no es lengua oficial hay unos veintidós millones de personas que hablan español
siglo VIII - siglo XV España reinar árabes.
Durante estés ocho siglos los cristianos lucharon conteo los musulmanes. Esta lucha, la Reconquista, terminó con la unión de los reinos de Castilla y Aragón y la conquista de América en mil cuatrocientos noventa y dos por Cristóbal Colón .
1939 - 1975 España dictadura jefe de Estado General Francisco Franco.
Desde el veintidós de noviembre de mil novecientos setenta y cinco España es una monarquía parlamentaria con el rey Juan Carlos Primero, nacido en mil novecientos treinta y ocho.
Desde 2001 Presidente del Gobierno José María Aznar López.

España en números - Estudiante B

España tiene diecisiete comunidades autónomas con treinta y nueve millones doscientos mil habitantes y una superficie de quinientos cuatro mil setecientos ochenta y dos kilómetros cuadrados.
ciudades + grandes capital Madrid 3,2 Mio, Barcelona 1,5 Mio., Valencia 753 000 habitantes.
En España hay tres mil novecientos cuatro kilómetros de costas con más de dos mil playas: la costa cantábrica con ochocientos sesenta y siete km, la costa atlántica con mil trescientos sesenta y siete km y la costa mediterránea con mil seiscientos setenta km.
islas principales: Las Canarias 7447 km², las Baleares 4992 km².
Los picos (montes) más altos son el Pico del Teide en Tenerife con tres mil setecientos diecinueve metros, el Mulhacén en la Sierra Nevada con tres mil cuatrocientos setenta y ocho metros y el Alcazaba en la Sierra Nevada con tres mil trescientos noventa y dos metros.
ríos principales Tajo 1007 km (790 en España), Ebro 910 km , Guadana 778 km
En España hay cuatro lenguas oficiales: el castellano (español), el catalán, el gallego y el vasco.
ca. 400 millones hablar español.
El español es la lengua oficial en veintiún países en cuatro continentes (Europa, América, África y Asia).
otros 21 países no lengua oficial, ca. 22 millones hablar español
Desde el siglo ocho hasta el siglo quince en España reinaron los árabes.
estos 8 siglos cristianos luchar contra musulmanes, lucha = Reconquista terminar con unión reinos Castilla y Aragón y conquista América 1492 Cristóbal Colón .
Desde el mil novecientos treinta y nueve hasta el mil novecientos setenta y cinco España fue una dictadura con el jefe de Estado General Francisco Franco.
Desde 22.11.1975 España monarquía parlamentaria rey Juan Carlos I *1938.
Desde el dos mil uno el Presidente del Gobierno se llama José María Aznar López.

14 Pronunciación - Aussprache

14.1 Pronunciación - Aussprache

Geschrieben	Beispiel	Aussprache
c, qu	Cuba, quiero	*k*
z	Zaragoza	wie englisches *th*
c vor e, i	Barcelona	wie englisches *th*
g vor e, i	Argentina, Gibraltar	*ch--*
j	Juan	*ch*
ch	Chile	*tsch*
ll	Mallorca	*j*
ñ	España	*nj*
x vor Vokal	taxi	*x*
Ausnahme:	Mexiko	x wird wie ch gesprochen
x vor Konsonant	excursión	*s*
y allein, Wortende	y, Uruguay	*i*
y + Vokal	Yugoslavia	*j*
gue, gui	alguién, Miguel	*ge, gi*
b, v	Barcelona, Valencia	*b* (zwischen deutschem b und v)
h	Holanda	immer *stumm*
r	Maria, Navarra	*r* wird gerollt (Zungenspitze)

14.2 Acentuación - Betonung

- ★ Wörter, die auf *Vokal*, *n* oder *s* enden, werden auf der **vorletzten Silbe** betont z.B. *mesa, España*
- ★ Wörter, die auf *Konsonant* (außer n, s) enden, sind auf der **letzten Silbe** betont: *hablar, juventud.*
- ★ Eine von den ersten beiden Regeln **abweichende** Betonung wird immer durch einen **Akzent** gekennzeichnet: 1) *estación, francés, Simón* 2) *Pérez, Bolívar,*
- ★ **Frage-** und **Ausrufewörter** haben immer einen **Akzent**, als Relativpronomen werden sie ohne Akzent geschrieben: z.B. *¿qué?* was – *que* – der, die, das, welche
- ★ Bei **einsilbigen** Wörtern dient der **Akzent** zur Unterscheidung von Wörtern mit anderer Bedeutung: z.B. *tú* – du, *tu* – dein, *sé* – ich weiß, *se* – sich, *sí* –ja, *si* - wenn

Soluciones

1 El sustantivo y sus determinantes

1.1 El sustantivo y el artículo - Substantiv und Artikel

Ejercicio 1-1 Artículo determinado e indeterminado

1) el / un empleado	11) la / una flor	21) el / un traje	31) la / una tarde
2) el / un panadero	12) la / una tía	22) el / un pan	32) el / un día
3) el / un problema	13) el / un color	23) la / una manzana	33) la / una mano
4) el / un arquitecto	14) el / un tío	24) el / un marrón	34) el / un país
5) el / un médico	15) la / una estación	25) el / un plátano	35) la / una región
6) el / un ama de casa	16) la / una farmacia	26) el / un limón	36) el / un avión
7) el / un mecánico	17) el / un rincón	27) el / un té	37) la / una ciudad
8) el / un padre	18) el / un balcón	28) el / un agua	38) la / una foto
9) la / una radio	19) la / una camiseta	29) la / una hora	39) el / un idioma
10) la / una madre	20) la / una falda	30) el / un minuto	

Ejercicio 1-2 Singular - Plural

1) el / los minutos	9) el / los plátanos	17) la / las lu**ces**	25) la / las hermanas
2) el / las aguas	10) el / las amas de casa	18) el / los panaderos	26) el / los melo**nes**
3) la / las fotos	11) la / las estaciones	19) la / las vo**ces**	27) el / los hotel**es**
4) la / las ciuda**des**	12) el / los balco**nes**	20) el / los frances**es**	28) el / los jóven**es**
5) la / las regio**nes**	13) el / los colo**res**	21) el / los trajes	29) el / los pe**ces**
6) la / las manos	14) la / las flo**res**	22) la / las manzanas	30) el / los menús
7) el / los pan**es**	15) la / las tardes	23) el / los marro**nes**	31) la / las nue**ces**
8) el / los idiomas	16) el / los país**es**	24) el / los hijos	32) el / los viajes

Ejercicio 1-3 Forma femenina y masculina

	Masc.	Fem.		Masc.	Fem.		Masc.	Fem.		Masc.	Fem.
1)	profesor	profesora	6)	chico	chica	11)	amigo	amiga	16)	tío	tía
2)	italiano	italiana	7)	niño	niña	12)	español	española	17)	alumno	alumna
3)	hermano	hermana	8)	abuelo	abuela	13)	cliente	clienta	18)	médico	médica
4)	portugués	portuguesa	9)	actor	actriz	14)	presidente	presidenta	19)	autor	autora
5)	cantante	cantante	10)	novio	novia	15)	ministro	ministra	20)	pianista	pianista

Ejercicio 1-4 Los casos - Transformad

2. / 3. / 4. Fall

1) del / al / al joven	5) de la / a la / la ciudad	9) de la / a la / a la tía
2) del / al / el país	6) del / al / al hijo	10) de mi / a mi / a mi gato
3) de la / a la / la manzana	7) de la / a la / la estación	
4) del / al / al mecánico	8) de la / a la / la luz	

1.2 Los determinantes posesivos

Ejercicio 1-5 Determinantes posesivos - Transformad

1) su amigo	4) su compañero	7) vuestros amigos	10) sus cartas
2) su hija	5) nuestra familia	8) su casa	
3) sus padres	6) tu dirección	9) su novio	

Ejercicio 1-6 Determinantes posesivos - Singular -Plural

1) mi foto	6) sus balcones	11) mis hijos	16) nuestros médicos
2) tus ciudades	7) mi flor	12) tus trajes	17) sus padres
3) su región	8) nuestros países	13) nuestras voces	18) mis faldas
4) nuestra mano	9) vuestros viajes	14) vuestras tías	
5) mis idiomas	10) su hotel	15) mis problemas	

Ejercicio 1-7 Determinantes posesivos

1) Su perro es muy grande.
2) Tus libros son nuevos.
3) Tus vestidos son caros.
4) Su bicicleta es nueva.
5) Su coche es nuevo.
6) Nuestro jardín es muy bonito.
7) Mi apartamento es muy pequeño.
8) Su casa es bonita.
9) Sus padres son muy gentiles.
10) Vuestros hijos son grandes.

2 Presente - Gegenwart

2.1 Verbos regulares - Regelmäßige Verben

Ejercicio 2-1 Presente regular - Forma correcta

1) hablas	6) responde	11) toma	16) corren	21) visito
2) corre	7) comprendemos	12) bailo	17) subís	22) discuten
3) trabajo	8) acaban	13) discutís	18) vende	23) cantamos
4) canta	9) abrís	14) bebe	19) estudias	24) habla
5) pasas	10) comprenden	15) preguntan	20) lavan	

Ejercicio 2-2 Presente regular - Traducid

1) paso	7) bebo	13) visitamos	19) vivís	25) invitas
2) visitas	8) comemos	14) invito	20) discutimos	26) tomas
3) pasáis	9) toman	15) estudia	21) vende	27) debe
4) tomo	10) vivimos	16) trabaja	22) corres	28) subimos
5) lavamos	11) abren	17) comprendemos	23) bailamos	
6) comprendéis	12) Ud pregunta	18) respondes	24) Ud trabaja	

Ejercicio 2-3 Presente regular - Singular - Plural

1) lavo	7) como	13) comprendo	19) bailo	25) visito
2) tomamos	8) corréis	14) abre	20) estudian	26) Uds trabajan
3) pasamos	9) toma	15) visitáis	21) subo	27) vives
4) comprendes	10) vivo	16) Uds preguntan	22) trabajan	28) venden
5) bebemos	11) tomáis	17) deben	23) respondéis	
6) discuto	12) pasas	18) invitamos	24) invitáis	

Ejercicio 2-4 Presente regular - Haced frases

1) Ella escribe una carta
2) Tú hablas alemán
3) Nosotros tomamos el autobús
4) Maria lee un buen libro
5) Ellos compran unos billetes
6) Pablo estudia español
7) Los chicos corren a la escuela
8) La universidad abre a las 8
9) El padre compra un periódico
10) Nosotros trabajamos todo el día
11) Vosotros escucháis música
12) Enrique Iglesias canta en español
13) Pablo y Carina comen unas manzanas

2.2 Verbos particulares - Gruppenverben

Ejercicio 2-5 Verbos particulares - Forma correcta

1) vuelves	7) siguen	13) puede	19) jugamos	25) cuesta
2) volamos	8) repiten	14) pertenece	20) entiende	26) construyo
3) me visto	9) reímos	15) permanezco	21) encuentras	27) cierre
4) sirve	10) reconoces	16) pierden	22) empiezas	28) adquiere
5) sientes	11) probáis	17) parecen	23) duermen	
6) me siento	12) prefieres	18) muestro	24) crecemos	

Ejercicio 2-6 Verbos particulares - Plural o el singular

1) nos sentimos	7) nos vestimos	13) vuelo	19) permanecemos	25) sirven
2) cierren	8) sentéis	14) pertenecen	20) adquieren	26) cuestan
3) preferís	9) pruebas	15) empezáis	21) pierde	27) encontráis
4) repite	10) pueden	16) construimos	22) volvéis	28) duerme
5) sigue	11) río	17) mostramos	23) parece	
6) reconocéis	12) entienden	18) crezco	24) juego	

Ejercicio 2-7 Verbos particulares - Haced frases

1) El profesor repite la gramática
2) Mi amiga prefiere una manzana
3) Los niños ríen mucho
4) Maria puede ver la película
5) Los amigos vuelven de América
6) El arquitecto construye una nueva casa
7) La chica prueba un vestido
8) Los padres cierran la puerta
9) La novia muestra una foto
10) Los estudiantes siguen un curso de informática
11) Carlo conoce a mi madre
12) El chico quiere tomar un helado
13) Las chicas piden unas tapas.
14) Los chicos juegan en el jardín.
15) Maria prefiere beber agua.
16) Mis padres no duermen mucho.
17) Los pantalones cuestan mucho.
18) Pablo no encuentra su libro.

Ejercicio 2-8 Verbos particulares - Crucigrama

Horizontal		Vertical	
1 cierran	16 prefieres	1 conozco	10 cuento
3 me visto	17 conoce	2 juego	14 vuelvo
6 encontramos	19 sirven	4 duermen	15 se sienta
8 pierdes	20 queremos	5 pide	16 pensamos
9 conoces	21 mostráis	7 adquieren	18 pedimos
11 construyo	22 siento		
12 puedes	23 piensan		
13 prefieren			

2.3 Verbos auxiliares y de modo - Hilfs- und Modalverben

Ejercicio 2-9 Verbos regulares y auxiliares - crucigrama

									[2]V								
					[1]P				I								
					[16]A	B	R	Í	S								
					S				I	[3]P		[17]E	S	[4]T	A	N	
				[5]H	A	B	[6]L	O	T	[18]A	[7]C	A	[8]B	O			
			[9]C	A	N	T	A	M	O	S	O		E	M			
			O		[19]I	N	V	I	T	A	M		[20]B	A	I	L	O
	[10]T	O	M	A			A	[21]C	O	M	P	R	E	N	D	E	[11]S
	O	[22]L	E	O		[23]V	I	V	O	O	R		N	[24]D	E	B	O
	M	[12]V				[25]E	S	T	Á	S	[26]E	R	E	S	[27]S	O	N
[28]B	A	I	[13]L	A	S	[29]D	E	B	E	S	N						[14]S
	I	[30]V	E	N	D	E	M	O	S		[31]D	I	[15]S	C	U	T	O
	S	E	E			[32]S	U	B	Í	S	E		O				Y
		[33]E	S	T	U	D	I	O	[34]T	O	M	A	M	O	S		
											O		O				
											S		S				

Ejercicio 2-10 - Ser, estar, tener - Forma correcta

1) tienes
2) es
3) estoy
4) tiene
5) eres
6) está
7) tenemos
8) son
9) estáis
10) tienen
11) están
12) tengo
13) sois
14) está
15) son
16) tienen
17) tenéis
18) tiene
19) estás
20) están
21) soy
22) están
23) somos
24) está

Ejercicio 2-11 Ser, estar, tener - Haced frases o preguntas

1) El profesor está en la universidad
2) Pablo tiene un perro
3) Carina es guapa
4) Los amigos están en casa
5) Tú eres de Austria
6) La chica tiene un nuevo vestido
7) Mis padres son de España
8) Vosotros tenéis un animal
9) Yo estoy enfermo/a.
10) Nosotros somos gentiles
11) Los chicos están en la piscina
12) Mi madre es de Bolivia

2.4 Uso de ser y estar

Ejercicio 2-12 ser o estar

1) eres
2) son
3) es, son
4) está
5) estamos
6) estás!
7) están
8) está
9) está
10) es
11) estás
12) está
13) son
14) está
15) es
16) es
17) está
18) son
19) es
20) soy
21) está
22) son
23) son
24) es
25) son
26) es, es
27) es
28) está

2.5 Verbos irregulares - Unregelmäßige Verben

Ejercicio 2-13 - Presente irregular - forma correcta

1) vas
2) doy
3) viene
4) vemos
5) dicen
6) haces
7) salen
8) pongo
9) trae
10) oyes
11) vale
12) caigo
13) vamos
14) da
15) vienes
16) ven
17) dice
18) hago
19) sale
20) pone
21) traes
22) oímos
23) valen
24) cae

Ejercicio 2-14- Presente irregular - Singular - Plural

1) veo	7) vienen	13) dan	19) vais
2) damos	8) traen	14) venís	20) hacemos
3) sale	9) dice	15) hacéis	21) vale
4) ponemos	10) caen	16) ve	22) salen
5) oye	11) voy	17) dicen	23) ponen
6) valen	12) oigo	18) caen	24) traéis

Ejercicio 2-15 Presente irregular - Haced frases

1) Pablo va a España
2) Los chicos vienen de México
3) Yo hago mis tareas
4) Maria da el libro a Pablo
5) Vosotros traéis las botellas a la bodega
6) Los niños no oyen nada
7) Los estudiantes hacen unas preguntas al profesor
8) Vamos a Madrid
9) Ustedes salen tarde.
10) Usted no dice nada.
11) Pongo los libros sobre la mesa.
12) Ellos ven una buena película
13) Este cuadro vale mucho.

Ejercicio 2-16 - Verbos irregulares y regulares - crucigrama

horizontal		vertical	
1 queremos	11 queréis	3 somos	13 comprendemos
2 quiero	14 encuentro	4 estáis	16 eres
5 tienes	15 duerme	6 comen	19 abrís
7 responde	17 están	8 viene	21 trabaja
8 vivo	18 hablamos	9 vas	22 voy
9 vamos	20 bailas	12 cuentas	
10 soy			

Ejercicio 2-17 Verbos irregolares crucigrama

Horizontal				Vertical			
1 sois	15 sé	28 va	42 oye	1 es	13 dice	26 tiene	38 vais
3 tienes	18 están	29 salís	43 hago	2 tienen	14 ves	27 digo	39 venís
4 vamos	19 tenemos	30 viene	45oímos	3 hace	16 decimos	30 vas	40 oigo
5 decís	20 damos	31 salgo	46 van	4 vengo	17 habéis	31 sabes	41 dais
7 oyen	21 traigo	32 sois	47 eres	6 son	18 estás	34 he	44 oyes
9 vienen	22 venimos	33 doy	48 sales	8 tienes	23 estamos	35 hemos	45 oís
12 vienes	24 estoy	35 haces	49 saben	10 trae	25 tengo	36 somos	46 voy
14 ve	27 das	39 veo	50 soy	11 tenéis		37 traen	

2.6 Verbos reflexivos - Rückbezügliche Verben

Ejercicio 2-18 Verbos reflexivos - Forma correcta

1) me llamo	8) se casan	15) se ven	22) os casáis
2) se viste	9) te levantas	16) se afeita	23) os levantáis
3) nos vamos	10) me quedo	17) nos encontramos	24) se queda
4) se lavan	11) se despierta	18) me lavo	25) se pinta
5) se sienta	12) se llama	19) se sienta	26) me peino
6) me acuerdo	13) se viste	20) te acuerdas	27) se ducha
7) te diviertes	14) se van	21) se divierte	28) te despiertas

Ejercicio 2-19 - Verbos reflexivos - Forma correcta

1) se llama	9) me ducho	17)se viste	25)me despierto
2) no se casan	10)nos vemos	18)no me despierto	26)se mira
3) me despierto	11)se conocen	19)se llama	27)se limpian
4) se levanta	12)se afeita	20)se queda	28)se lava
5) te lavas	13)pueden sentarse	21)puedes acostumbrarte	29)se relajan
6) no nos quedamos	14)tienen que levantarse	22)se pierde	30)os bañáis
7) se viste	15)se acuesta	23)se levanta	
8) se pintan	16)se divierten	24)nos duchamos	

2.7 Futuro inmediato - Nahe Zukunft

Ejercicio 2-20 Futuro inmediato

1) vas a hablar
2) va a correr
3) voy a trabajar
4) va a cantar
5) vas a pasar
6) va a responder
7) comprender
8) vais a abrir
9) van a comprender
10) va a tomar
11) voy a dar
12) va a venir
13) vamos a ver
14) van a decir
15) vas a hacer
16) van a salir
17) voy a poner
18) va a traer
19) vas a oír
20) voy a caer
21) va a hablar
22) vas a tener
23) va a tener
24) va a estar
25) voy a llamarme
26) va a vestirse
27) vamos a irnos
28) van a lavarse
29) va a sentarse
30) voy a acordarme
31) vas a divertirte
32) van a casarse
33) vas a levantarte
34) voy a quedarme
35) va a despertarse
36) va a llamarse
37) va a vestirse
38) va a irse
39) van a verse
40) va a afeitarse
41) vais a encontraros
42) voy a lavarme
43) va a sentarse
44) vas a acordarte

2.8 Pasado inmediato - Nahe Vergangenheit

Ejercicio 2-21 Pasado inmediato

1) acaba de responder
2) acabo de trabajar
3) acabas de pasar
4) acaba de correr
5) acabamos de comprender
6) acaban de acabar
7) acabáis de abrir
8) acaban de comprender
9) acaba de cantar
10) acaba de traer
11) acaba de tomar
12) acabo de dar
13) acabas de hablar
14) acaba de venir
15) acabamos de ver
16) acabas de hacer
17) acaban de salir
18) acabo de poner
19) acabas de oír
20) acabo de caer
21) acaba de hablar
22) acaban de decir
23) acabas de tener
24) acaba de estar
25) acaba de tener
26) acabas de divertirse
27) acabamos de irnos
28) acaba de sentarse
29) acabo de acordarme
30) acaban de casarse
31) acabas de levantarte
32) acabo de quedarme
33) acaba de despertarse
34) acaban de lavarse
35) acaba de vestirse
36) acaba de irse
37) acabas de acordarte
38) acaban de verse
39) acabamos de encontrarnos
40) acaba de sentarse

3 Pretérito Perfecto

Ejercicio 3-1 Pretérito perfecto - Forma correcta

1) hemos comido
2) ha estudiado
3) he ayudado
4) habéis mirado
5) han entendido
6) han querido
7) ha hecho
8) ha dormido
9) me ha gustado
10) han visto
11) te has levantado
12) ha dicho

Ejercicio 3-2 Pretérito perfecto - Forma correcta

1) ha corrido
2) ha cantado
3) has pasado
4) ha respondido
5) han resuelto
6) habéis abierto
7) han comprendido
8) he cubierto
9) he dado
10) ha muerto
11) hemos visto
12) hemos comprendido
13) han dicho
14) has hecho
15) han escrito
16) he puesto
17) ha tenido
18) ha traído
19) se han lavado
20) has tenido
21) se han casado
22) nos hemos ido
23) he estado
24) has sido
25) ha abierto
26) se ha vestido
27) me he acordado
28) he caído
29) te has divertido
30) ha roto
31) has impreso
32) me he quedado
33) has oído
34) se ha despertado
35) se han ido
36) se han visto
37) habéis encontrado
38) me he lavado
39) se ha sentado
40) te has acordado

Ejercicio 3-3 Haced frases

1) ¿Ya has hecho tus tareas?
2) Hoy se han relajado a mediodía.
3) ¿Adónde has puesto los libros?
4) Este año las chicas han ido de vacaciones a Francia.
5) He resuelto las adivinanzas.
6) Esta semana su abuela ha muerto.
7) Pablo ha abierto la puerta.
8) La niña se ha puesto un desodorante.
9) ¿Has visto el nuevo coche?

4 El indefinido -

4.1 Verbos regulares y particulares

Ejercicio 4-1 Indefinido regular - Forma correcta

1) hablaste
2) corrió
3) trabajé
4) cantó
5) pasaste
6) respondió
7) comprendimos
8) acabaron
9) abristeis
10) comprendieron
11) tomó
12) bailé
13) discutisteis
14) bebió
15) preguntaron
16) corrieron

Ejercicio 4-2 Indefinido verbos particulares - Forma correcta

1) cayó
2) construí
3) creyó
4) dormisteis
5) eligió
6) huiste
7) leyó
8) murió
9) preferiste
10) repitieron
11) sintieron
12) me vestí
13) se vistió
14) sentiste
15) repitió
16) preferimos
17) murieron
18) leísteis
19) huyó
20) elegisteis
21) dormí
22) creyó
23) construimos
24) cayeron

Ejercicio 4-3 Indefinido regular y particular - Forma correcta

1) tomé
2) comprendisteis
3) discutimos
4) comimos
5) corriste
6) pasasteis
7) abrieron
8) visitaste
9) trabajó
10) respondiste
11) invitaste
12) vivisteis
13) vendió
14) me sentí
15) cerró
16) preferiste
17) repitieron
18) siguieron
19) reconociste
20) me vestí
21) sentiste
22) probasteis
23) reímos
24) entendió
25) volamos
26) perteneció
27) empezaste
28) construí
29) mostró
30) permanecí
31) perdieron
32) volviste
33) encontraste
34) durmieron

Ejercicio 4-4 Indefinido regular - Crucigrama

Horizontal		Vertical	
1 escribisteis (vs)	12 comisteis (vs)	1 escribieron (ellos)	11 tomamos (ns)
3 tomaste (tú)	13 comimos (ns)	2 comí (yo)	14 preguntaron (ellos)
4 comió (él)	16 comprendí (yo)	3 tomaron (ellos)	15 tomasteis (vs)
5 escribimos (ns)	17 comiste (tú)	5 escribiste (tú)	19 aprendió (él)
7 corrieron (ellos)	18 pasasteis (vs)	6 lavamos (ns)	21 escribió (él)
8 viví (yo)	20 respondí (yo)	10 escribí (yo)	
9 estudiaste (tú)	22 comieron (ellos)		
11 tomé (yo)	23 tomó (él)		

4.2 Verbos irregulares

Ejercicio 4-5 Indefinido irregular - Crucigrama

Horizontal		Vertical	
1 produjeron (ellos)		2 estuviste (tú)	14 trajo (él)
3 pudisteis (vs)	16 dijeron (ellos)	3 puse (yo)	15 anduviste (tú)
5 hicieron (ellos)	17 dimos (ns)	4 vino (él)	17 dio (él)
6 fuisteis (vs)	18 hicisteis (vs)	6 fuiste (tú)	18 hizo (él)
8 fue (yo)	20 fueron (ellos)	7 supieron (ellos)	19 tuve (yo)
9 disteis (vs)	21 dieron (ellos)	11 hiciste (tú)	20 fuimos (ns)
10 fue (él)	22 quisimos (ns)	12 condujo (él)	
11 hicimos (ns)	23 hice (yo)		
13 di (yo)	24 diste (tú)		

Ejercicio 4-6 Indefinido irregular - Haced frases

1) Eso no cupo en el vaso
2) Maria dio el libro a Pablo
3) ¿Dónde estuviste en las últimas vacaciones?
4) Ayer los alumnos hicieron tareas
5) Mis amigas fueron a Bolivia
6) La semana pasada no pude ir a la escuela
7) ¿Adónde puse Pedro los libros?
8) Yo quise hacer vacaciones en el último año
9) ¿De quién supiste esto?
10) Desde 1996 hasta 1998 tuve un apartamento a Madrid
11) Las chicas no vinieron a la fiesta ayer
12) ¿Quién tradujo esta novela?
13) Carina condujo ella misma
14) Los políticos no dijeron la verdad
15) Esta fábrica produjo muchas máquinas
16) ¿Tú trajiste este pastel a mis padres?

Ejercicio 4-7 Indefinido irregular y regular - Transformad

1) me levanté, preparé, me vestí
2) tomé, fui
3) dejé
4) tomé, me fui
5) atravesé, hubo
6) fue, gustó
7) hice
8) miré
9) tomé, me fui, volví

Ejercicio 4-8 Indefinido - Transformad

1) se levantaron, prepararon, se vistieron
2) tomaron, fueron
3) dejaron
4) tomaron, se fueron
5) atravesaron, hubo
6) fue, les gustó
7) hicieron
8) miraron
9) tomaron, se fueron, volvieron

4.3 Uso de los tiempos del pasado

Ejercicio 4-9 Uso del perfecto (I) y indefinido (II)

I *esta mañana*

1) Esta mañana me he despertado muy tarde.
2) Me he levantado y después he ido a la cocina.
3) He preparado el desayuno y me he vestido.
4) He tomado el autobús para ir a la escuela.
5) Allí he conocido a una chica boliviana.
6) Ella me ha contado algo de su país.
7) Por la tarde le he invitado a mi casa.
8) Ella ha venido con su amiga chilena.
9) Después hemos charlado y nos hemos divertido mucho..

II *ayer*

1) Ayer me desperté muy tarde.
2) Me levanté y después fui a la cocina.
3) Preparé el desayuno y me vestí.
4) Tomé el autobús para ir a la escuela.
5) Allí conocí a una chica boliviana.
6) Ella contó algo de su país.
7) Por la tarde le invité a mi casa.
8) Ella vino con su amiga chilena.
9) Después charlamos y nos divertimos mucho

Ejercicio 4-10 Perfecto o indefinido

1) he leído
2) ha visto
3) Miraste
4) llegó
5) has comprado
6) He cerrado
7) fue
8) hemos ido
9) emigraron
10) habéis estado
11) conocí
12) pasaron
13) estuviste
14) nos fuimos
15) encontró
16) no ha llegado
17) he escuchado
18) has comido
19) jugamos
20) estuvieron
21) He limpiado
22) ha venido
23) han gustado
24) has comprado
25) conté
26) ha dado

5 Imperativo - Befehlsform

5.1 Imperativo regular

Ejercicio 5-1 Imperativo regular - Forma correcta

1) habla
2) corra
3) trabajemos
4) cante
5) pasa
6) responda
7) acaben
8) abrid
9) tome
10) bailemos
11) discutid
12) bebe
13) preguntad
14) corre
15) subid
16) venda
17) estudia
18) laven
19) visitar
20) discutan
21) cantemos
22) hable

5.2 Imperativo - verbos particulares

Ejercicio 5-2 Verbos particulares - Forma correcta

1) vuelva
2) volemos
3) vístete
4) sirva
5) siente
6) sentaos
7) sigan
8) repita
9) permanece
10) pierdan
11) muestre
12) juguemos
13) entienda
14) encuentra
15) empiece
16) dormid
17) cuente
18) cierre
19) ofrece
20) paguemos
21) envía
22) coja
23) permanece
24) enlazad

25) paguen
26) averigüe
27) coged
28) incluye
29) construyan
30) pague
31) enlacemos
32) concluya
33) divierte
34) elija
35) creced
36) pida
37) envía
38) construya

5.3 Imperativo irregular - Unregelmäßige Befehlsformen

Ejercicio 5-3 Imperativo irregular - Forma correcta

1) ten
2) vayamos / vamos
3) haz
4) diga
5) pon
6) tened
7) digan
8) ponga
9) id
10) da
11) hagan
12) dé
13) estemos
14) decid
15) di
16) tenga
17) venid
18) vayan
19) ven
20) haga
21) está
22) pongamos
23) ve
24) venga

Ejercicio 5-4 Imperativo irregular - Forma correcta

1) ¡Come tapas!
2) ¡Apagad la luz!
3) ¡Pague la cuenta!
4) ¡Estudiad la gramática!
5) ¡Cierra la ventana!
6) ¡Fume menos!
7) ¡Envía el paquete!
8) ¡Estad tranquilo!
9) ¡Apague la radio!
10) ¡Llamen el jefe!
11) ¡Traed un regalo!
12) ¡Vete!
13) ¡Parta en avión!
14) ¡Hablen con el profesor!
15) ¡Toma un café!
16) ¡Diga la verdad!
17) ¡Ven aquí!
18) ¡Vayan a Francia!
19) ¡Deme unas patatas!
20) ¡Levántate temprano!
21) ¡Salgamos por la tarde!
22) ¡Dame tu dirección!
23) ¡Haced vuestras tareas!
24) ¡Vístanse!
25) ¡Lávate el pelo!
26) ¡Despertaos ahora!
27) ¡Abra la puerta!
28) ¡Pon el libro sobre la mesa!

6 Futuro simple - Zukunft

Ejercicio 6-1 Futuro simple regular - Forma correcta

1) hablarás
2) correrá
3) trabajaré
4) cantará
5) pasarás
6) responderá
7) comprenderemos
8) acabarán
9) abriréis
10) comprenderán
11) tomará
12) me acordaré
13) se llamará
14) bailaré
15) se sentará
16) discutiréis
17) preguntarán
18) correrán
19) subiréis
20) venderá
21) lavarán
22) discutirán
23) cantaremos
24) te divertirás
25) me llamaré
26) se casarán
27) te levantarás
28) me quedaré
29) serás
30) se lavarán
31) estará
32) se vestirá
33) se irá
34) se pintará
35) encontraremos
36) se sentará
37) será
38) estaré

Ejercicio 6-2 Futuro simple irregular - Forma correcta

1) vendrá
2) dirán
3) harás
4) saldrán
5) tendré
6) pondré
7) oirás
8) saldrá
9) caeré
10) diremos
11) tendrá
12) pondrá
13) vendrás
14) habrán
15) dirá
16) haré
17) saldré
18) pondré
19) harás
20) tendremos
21) dirán
22) hará
23) podrá
24) tendrás

Ejercicio 6-3 Futuro simple - Forma correcta

1) responderá
2) trabajaré
3) pasarás
4) correrá
5) comprenderemos
6) acabarán
7) abriréis
8) comprenderán
9) cantará
10) traerá
11) tomará
12) daré
13) hablarás
14) vendrá
15) veremos
16) harás
17) saldrán
18) pondré
19) serás
20) oirás
21) estaré
22) caeré
23) hablará
24) dirán
25) tendrás
26) estará
27) será
28) tendrá

Ejercicio 6-4 Futuro simple - Sol y luna

Sol: saldrá, se pondrá, amanecerá, atardecerá, perderemos **Luna**: entrará, pasará, ingresará

Ejercicio 6-5 Futuro simple - Horóscopo

Amor: encontrará, interesará, será **Trabajo**: querrá, buscará, encontrará **Salud**: tendrá, se mejorará

7 Adjetivos - Eigenschaftswörter

7.1 Adjetivos

Ejercicio 7-1 Adjetivos - masculino - femenino - singular - plural

Sind nur 2 Formen angegeben, sind das Singular und Plural, bei 1 Form ist diese unveränderlich

1) grande grandes
2) árabe árabes
3) joven jóvenes
4) naranja
5) interior
6) alemán alemana alemanes alemanas
7) español española españoles españolas
8) rosa
9) viejo vieja viejos viejas
10) guapo guapa guapos guapas
11) pequeño pequeña pequeños pequeñas
12) negro negra negros negras
13) triste tristes
14) alegre alegres
15) bonito bonita bonitos bonitas
16) importante importantes
17) fácil fáciles
18) seguro segura seguros seguras
19) marrón
20) verde verdes

Ejercicio 7-2 La desinencia correcta - Haced frases

1) La casa es grande.
2) Las tapas son buenas.
3) En España hay españoles.
4) La ventana está abierta.
5) Las puertas están cerradas.
6) La chica es brava.
7) Los libros son interesantes.
8) Los árboles son altos.
9) El coche es rápido.
10) Los vasos están llenos.
11) La pelota es redonda.
12) La manzana es roja.
13) El agua es salada.
14) La cueva es oscura.
15) En las sierras hace frío.
16) Los caramelos son buenos.

Ejercicio 7-3 Adjetivos

1) botella llena
2) foto vieja
3) habitación individual
4) mar azul
5) mesa redonda
6) playa blanca
7) restaurante conocido
8) señora extranjera
9) tapas buenas
10) temporada alta
11) ventana abierta

Ejercicio 7-4 Adjetivos - Contrarios

1) grande pequeño
2) caro barato
3) bueno malo
4) aburrido interesante
5) alegre triste
6) negro blanco
7) joven viejo
8) viejo nuevo
9) rico pobre
10) inteligente estúpido
11) ocupado vacante
12) lleno vacío

A	H	J	Y	T	R	H	K	**P**	C	E
G	H	**P**	**E**	**Q**	**U**	**E**	**Ñ**	**O**	Y	K
T	S	T	**M**	Y	Y	D	E	**B**	Y	R
E	Y	**B**	**A**	**R**	**A**	**T**	**O**	**R**	I	O
D	E	U	**L**	W	S	**R**	R	**E**	**E**	T
Y	J	R	**O**	H	D	**I**	T	E	**S**	E
I	**N**	**T**	**E**	**R**	**E**	**S**	**A**	**N**	**T**	E
M	J	V	F	F	F	**T**	J	F	**U**	S
S	R	F	**V**	T	G	**E**	**V**	A	**P**	Y
R	**B**	**L**	**A**	**N**	**C**	**O**	**I**	G	**I**	K
J	T	D	**C**	E	J	S	**E**	H	**D**	L
M	E	**V**	**A**	**C**	**I**	**O**	**J**	J	**O**	H
S	Y	Y	**N**	**U**	**E**	**V**	**O**	J	Y	R
R	J	R	**T**	A	K	G	R	T	D	E
U	T	U	**E**	H	L	J	D	R	S	S

Ejercicio 7-5 Adjetivos - Haced frases

1) Me gusta la casa grande
2) Come buenas tapas.
3) Nosotros conocemos a muchos amigos ingleses.
4) Usted tiene un apartamento pequeño.
5) Vosotros sois malos estudiantes.
6) Pablo es un buen amigo
7) Maria y Carmen tienen unas faldas naranja.
8) Yo escucho música clásica.
9) Ellos tienen demasiados errores.
10) Usted tiene que girar a la segunda calle.
11) Mercedes compra un reloj nuevo.
12) Te gustan las revistas franceses.
13) En invierno hace mal tiempo.
14) Eres una pobre chica.
15) Él tiene una buena idea.
16) Nosotros somos chicos pobres.
17) Este actor es un gran hombre.
18) tú tienes muchos libros.
19) Mercedes vive en el primer piso.
20) Usted no tiene otra película.

7.2 Comparación - Vergleich

Ejercicio 7-6 Comparación - Formas

pequeño – menor / más pequeño - el menor / el más pequeño
bueno – mejor – el / la mejor
grande – mayor / más grande – el / la mayor – el / la más grande
mala – peor – la peor
rápido – menos rápido – el menos rápido
guapa – más guapa – la más guapa

Ejercicio 7-7 Comparación - Frases con más

1) Asia es más grande que Europa
2) En julio es más caliente que en mayo
3) El azúcar es más dulce que la miel
4) Maria es más simpática que Ana
5) Un coche es más rápido que una bicicleta
6) Un león es más peligroso que un gato
7) Mi tía es más joven que la tuya
8) Su trabajo es más fatigoso que el mío
9) El español es más fácil que el inglés
10) Enrique Iglesias es más famoso que su padre

Ejercicio 7-8 Comparación - Frases con menos

1) Europa es menos grande que
2) En mayo es menos caliente que en julio
3) La miel es menos dulce que el azúcar
4) Ana es menos simpática que Maria
5) Una bicicleta es menos rápida que un coche
6) Un gato es menos peligroso que un león
7) Tu tía es menos joven que la mía
8) Mi trabajo es menos fatigoso que el suyo
9) El inglés es menos fácil que el español
10) Su padre es menos famoso que Enrique Iglesias

Ejercicio 7-9 Comparación - Superlativo - Haced frases

1) Tonia es la mejor de la clase
2) La moda italiana es la más famosa del mundo
3) Navidad es la fiesta más bella del año
4) Sicilia es la isla más grande del Mediterráneo
5) Nuestros profesores son los mejores de la universidad
6) Esta calle es la más larga de la ciudad

Ejercicio 7-10 Comparación - Haced frases

1) El coche nuevo es más rápido que el viejo.
2) Este periódico es el más interesante.
3) Susana es la chica más guapa de la clase.
4) Francés es más difícil que inglés.
5) Carmen es más pequeña que Mercedes.
6) Maria es tan grande como Carmela.
7) Mi casa es más grande que la tuya.
8) Las tapas en Barcelona son tan buenas como en Madrid.
9) Vosotros sois mis mejores amigos.
10) Este apartamento es menos pequeño que el mío.
11) Estos estudiantes son peores que los míos.
12) Pablo es el amigo más bueno.
13) Carmen tiene unas faldas más cortas que Mercedes.
14) Esta calle es la más estrecha de la ciudad.
15) El reloj de Mercedes es más precioso que el mío
16) En verano hace mejor tiempo que en invierno.
17) Él tiene las ideas mejores.
18) Esta película es peor que la otra.
19) Maria y Clara son más jóvenes que Pedro.
20) Los trenes son menos cómodos que los aviones.

8 Pronombres

8.1 Los pronombres personales - Persönliche Fürwörter

Ejercicio 8-1 Pronombres indirectos

1) Maria le regala una camisa
2) El profesor les explica algo
3) Voy a darle / Le voy a dar un libro
4) La semana pasada les conté una historia
5) Nuestra madre nos prepara la comida
6) Pablo les ofrece un zumo
7) El camarero les trae el menú
8) Ana le ha dado la nueva dirección
9) Marco les escribe una carta
10) Las flores le gustan mucho
11) Marisa no le responde
12) ¿Qué le has contado?
13) Escribir cartas no le gusta
14) Pedro le regala un perfume.

Ejercicio 8-2 Pronombres indirectos - Contestad

1) Si, me gusta el helado
2) Le puedo dar este libro
3) Nos gustan
4) Te doy mi dirección
5) Os preparo algo
6) Si, le digo la verdad.
7) No nos gusta
8) Os escribimos una carta
9) Te he comprendido
10) Si, me has dicho esto
11) Si, puedo explicarle / le puedo explicar esto
12) No, mis padres no me dan dinero
13) Me puedes ofrecer / puedes ofrecerme un té.
14) Os mando un mensaje
15) Te puedo llamar
16) Le voy a escribir / voy a escribirle
17) Te mando una tarjeta postal
18) No te doy dinero

Ejercicio 8-3 Pronombres directos - Sustituid

1) Maria la regala a su novio.
2) El profesor la explica a sus estudiantes.
3) Voy a darlo a mi amigo.
4) La semana pasada la conté a mis niños.
5) Nuestra madre la prepara para nosotros.
6) Pablo lo ofrece a sus amigos.
7) El camarero lo trae a los clientes.
8) Ana la ha dado a su tía.
9) ¿La entiendes?
10) Pedro las conoce.

Ejercicio 8-4 Pronombres directos - Contestad

1) Si, lo oigo
2) Si, las puedo comprender / puedo comprenderlas
3) Si, la entiende
4) Mis padres van a comprarlo / lo van a comprar.
5) Si, las lee
6) No la conocen.
7) Voy a escribirla
8) Si, lo saben
9) Lo tengo mañana.
10) No, no la escucho.
11) Si, la conozco.
12) Los he invitados todos.
13) Los quiero comprar / quiero comprarlos.
14) Ya lo he leído.
15) No lo tomo.
16) Lo hemos dejado en la calle.
17) Si la veo.
18) Los / Les hemos conocido.
19) Los quiero terminar / quiero terminarlos en un año.
20) La escribo a Ana.
21) La voy a comprar / voy a comprarla.
22) Si, las quiero comprar / quiero comprarlas.
23) La apago en seguida.
24) Lo sigo desde hace un mes.

Ejercicio 8-5 Pronombres directos e indirectos - Haced frases

1) Mercedes envía una carta a Pedro. La envía a Juan. Le envía una carta.
2) Vosotros ofrecéis unas bebidas a los amigos. Las ofrecéis a los amigos. Les ofrecéis unas bebidas
3) Yo elijo el menú para nosotros. Lo elijo para nosotros. Nos elijo el menú.
4) Maria no da el libro a sus niños. No lo da a sus niños. No les da el libro.
5) Mercedes pide unas tapas al camarero. Las pide al camarero. Le pide unas tapas.
6) El camarero sirve unos postres a todos. Los sirve a todos. Les sirve unos postres.
7) Ella sirve un desayuno a las chicas. Lo sirve a las chicas. Les sirve un desayuno.
8) Puedes pedir la cuenta al camarero. La puedes pedir al camarero. Le puedes pedir la cuenta.
9) Los estudiantes hacen unos regalos para la profesora. Los hacen para la profesora. Le hacen unos regalos.
10) Mercedes compra una revista para tí. La compra para tí. Te compra una revista.
11) Los alumnos dicen la verdad a la maestra. La dicen a la maestra. Le dicen la verdad.
12) Puedes dar unos regalos a los hijos. Puedes darlos a los hijos Puedes darles unos regalos.

Ejercicio 8-6 Pronombres directos e indirectos - Haced frases

1) Muéstrelos
2) Traedlos
3) Páguela
4) Estudiadla
5) Envíalos
6) Llámenle
7) Vete
8) Tómelo
9) Apagadla
10) Levántate temprano.
11) Háblenle
12) Ciérralas
13) Dígala
14) Apágala
15) Démelas
16) Cómelas
17) Dámela.
18) Hacedlas
19) Tómalo
20) Vístase
21) Lávatelo
22) Ábrala
23) Ponlo en la mesa

Ejercicio 8-7 Pronombres posesivos - Transformad

1) la mía
2) las tuyas
3) la suya
4) la nuestra
5) los míos
6) los suyos
7) las mías
8) los nuestros
9) los vuestros
10) el suyo
11) los míos
12) los tuyos
13) las nuestras
14) las vuestras
15) los míos
16) los nuestros
17) los suyos
18) las mías

Ejercicio 8-8 Pronombres y determinantes posesivos

1) su amigo / el suyo
2) su hija / la suya
3) sus padres / los suyos
4) su compañero / el suyo
5) nuestra familia / la nuestra
6) tu dirección / la tuya
7) vuestros amigos / los vuestros
8) su casa / la suya
9) su novio / el suyo
10) sus carta / las suyas

Ejercicio 8-9 Pronombres demostrativos

1) estas / esas / aquellas fotos
2) esta / esa / aquella ciudad
3) estas / esas / aquellas regiones
4) este / ese / aquel idioma
5) este / ese / aquel balcón
6) estas / esas / aquellas flores
7) este / ese / aquel país
8) este / ese / aquel viaje
9) estos / esos / aquellos hoteles
10) este / ese / aquel traje
11) esta / esa / aquella voz
12) este / ese / aquel problema
13) este / ese / aquel médico
14) esta / esa / aquella falda

Ejercicio 8-10 Buscad el pronombre correcto

1) esta / aquella
2) este / aquello
3) estas / éstas o aquellas
4) esto / ésta
5) ésta / aquella .
6) esa

9 Preposiciones

Ejercicio 9-1 Preposiciones de lugar

1) a la
2) al lado del
3) delante a
4) a la, del
5) de, a
6) para
7) sobre
8) desde, hasta
9) debajo de
10) frente a
11) a través del
12) entre
13) a, a
14) desde, hasta
15) en, en, en
16) a, a, en
17) para
18) de
19) de
20) a, por
21) en, en
22) en, en
23) a
24) en, de
25) en, en
26) para, por
27) a
28) en

Ejercicio 9-2 Preposiciones de lugar - Haced frases

Yo soy de Sevilla
Tú estás en la oficina
Maria es de esta región
El libro está en la mesa
Nosotros vamos a México
Vosotras venís de España.
Maria y Pedro van al colegio
Ellas vienen de Madrid.
Madrid está en España.
Maria va de Sevilla a Madrid.

Ejercicio 9-3 Preposiciones de tiempo

1) desde
2) desde, hasta
3) en
4) desde hace
5) entre
6) hacia
7) por
8) después de
9) antes
10) hasta
11) en
12) entre
13) a, desde, hasta
14) de, a
15) antes
16) desde hace
17) hace
18) a, de
19) hasta
20) hace, a
21) a, a
22) desde,de, hasta, de

Ejercicio 9-4 a, en, de, con

1) en, de, en, de
2) en, en, en, en
3) a, de, a, con
4) de, de, en, de, en, a
5) a, en, de, a
6) con, a, a, en, de
7) con, de, a, a, a, a, en, de
8) en, en, de, para, para, de
9) en, en, de
10) en, de
11) a, en
12) con, en, del, de
13) de, de, de, de, de, de
14) de, con, a, de, a

Ejercicio 9-5 Preposiciones distintas

1) en en
2) a
3) a
4) de
5) en
6) con
7) a
8) con
9) de
10) de
11) de
12) con
13) a partir de
14) en
15) de de
16) de
17) en
18) Desde hasta
19) A
20) de
21) con
22) a partir de
23) de
24) en de
25) en en
26) a de
27) a para
28) a
29) de
30) de
31) a a
32) al con
33) a a
34) en, en del
35) en
36) desde de hasta de
37) de
38) desde hace de de
39) del, en de Andalucía
40) En de, en
41) a de a en de
42) en con según de
43) a de para
44) al para de
45) a por
46) de a para

Ejercicio 9-6 Por - para

1) por
2) para
3) para
4) para
5) para
6) para
7) para para para
8) por
9) para
10) por con
11) por
12) para
13) por
14) por
15) por
16) para
17) por
18) para
19) para
20) para
21) por
22) por
23) por, para

10 Interrogación - Frage

Ejercicio 10-1 Encontrad las preguntas

1) ¿Quién quiere reservar una habitación doble?
   ¿Qué quieres reservar?
   ¿Para cuánto tiempo quieres reservar una h.?
2) ¿Cuándo Maria va a viajar a Bolivia?
   ¿Quién va a viajar a Bolivia?
   ¿Adónde va a viajar Maria?
3) ¿Quién da sus tareas a la profesora?
   ¿Qué dan las chicas a la profesora?
   ¿A quién dan las chicas sus tareas?
4) ¿Cuándo quiere ver Pedro a su novia?
   ¿Quién quiere ver a su novia?
   Q quién quiere ver Pedro?

5) ¿Qué libro es de mi padre?
¿De quién es este libro?
6) ¿A quién gusta esta chaqueta? ¿Qué te gusta?
7) ¿Qué es muy bueno?
¿Las manzanas de quién son muy buenas?
¿Cómo son las manzanas?
8) ¿Quién tiene 22 años?
¿Cuántos años tiene Carmen?
9) ¿Qué (ciudad) está en Bolivia?
¿Dónde está La Paz?
10) ¿Cuándo está muy bien mi madre?
¿Quién está muy bien hoy?
¿Cómo está mi madre hoy?
11) ¿Quién es de Madrid?
¿De dónde es mi amiga?
12) ¿Quién va a España?
¿Adónde va Mercedes?
¿Por qué Maria va a España?

11 Negación - Verneinung

Ejercicio 11-1 Contestad con la forma negativa

1) Yo no estuve en Bolivia. Yo tampoco.
2) Ya no tengo tiempo.
3) No he llamado a nadie.
4) No comemos nada.
5) No he ido todavía a Barcelona.
6) No hay ni siquiera una.
7) No conozco todavía la nueva película de A. B.
8) No comprendemos nada.
9) No te puede ayudar nadie.
10) No he olvidado nada.
11) No estoy todavía en la cama.
12) Os levantáis nunca a las siete.
13) Tenéis muchos cuadros.
14) Maria y Franco no se han visto todavía.
15) Ya no quieres estudiar.
16) No estudio ni alemán ni francés.
17) No he llamado a nadie.
18) No estuve nunca en Argentina.
19) No voy a visitar a nadie mañana.
20) No me gusta del todo esta ropa.
21) No quiero nada de beber.
22) Nadie ha contestado.
23) Cuando viajo no tomo nunca el avión.
24) No hemos vuelto todavía de Francia.
25) Pedro no escribe nunca muchas cartas.
26) Mi hermana trabaja mucho del todo.
27) No he comprado ningún libro.
28) No sé ni italiano ni francés.
29) No he visto el libro en ninguna parte.
30) No llegan nunca tarde.
31) No voy a ver nadie.
32) Clara no estuvo nunca en Italia.

12 Números

Ejercicio 12-1 Números - crucigrama

A 1	uno	25	veinticinco	100	cien
2	dos	30	treinta	**B**	
3	tres	33	treintaytres	114	ciento catorce
4	cuatro	38	treintayocho	150	cientocincuenta
5	cinco	40	cuarenta	200	doscientos
6	seis	44	cuarentaycuatro	240	doscientoscuarenta
7	siete	49	cuarentaynueve	300	trescientos
8	ocho	50	cincuenta	400	cuatrocientos
9	nueve	52	cincuentaydos	500	quinientos
10	diez	57	cincuentaysiete	600	seiscientos
11	once	60	sesenta	700	setecientos
12	doce	61	sesentayuno	800	ochocientos
13	trece	65	sesentaycinco	900	novecientos
14	catorce	70	setenta	1.000	mil
15	quince	73	setentaytres	1550	milquinientoscincuenta
16	dieciséis	76	setentayseis	14.000	catorcemil
17	diecisiete	80	ochenta	100.000	cienmil
18	dieciocho	82	ochentaydos	700.090	setecientosmilnoventa
19	diecinueve	89	ochentaynueve	1999	milnovecientosnoventaynueve
20	veinte	90	noventa	1.000.000	unmillón

Ejercicio 12-2 Números de teléfono

1) novecientos ochenta y uno - treinta y dos – quince – dieciséis – veinte
2) novecientos uno - cincuenta y uno – veintiséis – cincuenta y ocho – veinticuatro
3) novecientos ochenta y seis - veintiuno – cincuenta y cuatro – setenta y cinco – noventa y cuatro
4) novecientos treinta y ocho - cuarenta y cinco – ochenta y cuatro – treinta y cuatro – cuarenta y uno
5) novecientos dos - cuarenta y uno – veinticuatro – veintiocho – doce
6) novecientos catorce - sesenta y uno – veinticinco – trece – once

7) novecientos trece - veintiuno – cincuenta y cuatro – setenta y ocho - sesenta y dos
8) novecientos quince - ochenta y cinco – cuarenta y uno – veintitrés – sesenta y cinco
9) novecientos cincuenta y dos - cuarenta y dos – cincuenta y ocho – treinta y uno – veintiuno
10) novecientos ochenta y tres - ochenta y cuatro – veintiuno – sesenta y cinco – catorce

Ejercicio 12-3 Precios

1) La chaqueta cuesta treinta y dos euros con cincuenta.
2) Los melocotones cuestan dos euros con cuarenta.
3) La camisa cuesta veintinueve euros con noventa.
4) Los pantalones cuestan cuarenta y tres euros con setenta.
5) Las patatas cuestan un euro con veinte.
6) La falda cuesta cincuenta y siete euros con ochenta.
7) Las peras cuestan dos euros con sesenta.
8) El jamón cuesta tres euros con diez
9) La leche cuesta setenta y cinco céntimos
10) El pan cuesta dos euros con quince

Ejercicio 12-4 Números ordinales

1) la tercera calle
2) el segundo curso
3) el sexto piso
4) el primer libro
5) el octavo mes
6) su cuarta casa
7) el primer mes
8) la segunda vez
9) el quinto mes
10) el primer día

Ejercicio 12-5 La hora

1) 10:45 Son las once menos cuarto
2) 12:30 Son las doce y treinta / media
3) 17:50 Son las seis menos diez de la tarde
4) 01:15 Es la una y cuarto
5) 11:10 Son las once y diez
6) 14:05 Son las dos y cinco
7) 12:45 Es la una menos cuarto
8) 11:50 Son las doce menos diez
9) 14:15 Son las dos y cuarto de la tarde
10) 03:20 Son las tres y veinte de la noche
11) 07:30 Son las siete y media de la mañana
12) 17:55 Son las seis menos cinco de la tarde.

Ejercicio 12-6 La fecha

1) el veinticinco de junio de mil novecientos cuarenta y dos
2) lunes, el siete de mayo de mil ochocientos treinta y cuatro
3) viernes, el trece de octubre de dos mil dos
4) martes, el diecisiete de julio de mil setecientos sesenta y cinco
5) sábado, el treinta y uno de enero de dos mil tres
6) miércoles, el nueve de abril de mil novecientos ochenta y dos
7) domingo, el primero de febrero de mil novecientos noventa y siete
8) sábado, el veinticuatro de noviembre de mil novecientos setenta y nueve
9) martes, el doce de febrero de mil cuatrocientos noventa y dos
10) miércoles, el cinco de enero de mil quinientos ochenta y siete
11) viernes, el treinta de marzo de mil novecientos cuarenta y tres
12) domingo, el dieciocho de julio de mil ochocientos noventa y nueve
13) lunes, el veintiséis de mayo de mil novecientos cincuenta y siete
14) jueves, el siete de junio de mil novecientos sesenta y cuatro

Ejercicio 12-7 Horario

1) El tren García Lorca sale a las nueve y cuarenta y ocho y llega a las once y cinco
2) El tren Andalucía Expres sale a las once y diez y llega a las trece y treinta y tres
3) Los niños pagan ocho euros con setenta con el tren García Lorca y siete euros con noventa con el A.E.
4) Los turistas pagan catorce euros con cincuenta con el tren G.L. y trece euros con ochenta con el A.E
5) El G.L tarda una hora y 17 minutos y el A.E. tarda dos horas y veintitrés minutos.

Verzeichnis aller Übungen

El sustantivo y sus determinantes

Presente

Futuro y pasado inmediato

Pretérito perfecto

Indefinido

Uso del perfecto e indefinido

Imperativo

Futuro simple

Adjetivos

Comparación

Pronombres indirectos y directos

Pronombres posesivos y demostrativos

Preposiciones

Interrogación y Negación

Números y otro

Ejercicios Tandem